Lektüreschlüssel für Schüler

Günter Grass
Katz und Maus

Von Wolfgang Spreckelsen

Philipp Reclam jun. Stuttgart

Universal-Bibliothek Nr. 15304

Gesamtherstellung: Reclam, Ditzingen
Printed in Germany 2001
RECLAM und UNIVERSAL-BIBLIOTHEK sind eingetragene Marken der Philipp Reclam jun. GmbH & Co., Stuttgart
ISBN 3-15-015304-2

www.reclam.de

Inhalt

1. Erstinformation zum Werk **5**

2. Inhalt **8**

3. Personen **16**

4. Werkaufbau **23**

5. Wort- und Sacherläuterungen **31**

6. Interpretation **39**

7. Autor und Zeit **55**

8. Rezeption **67**

9. Checkliste **70**

10. Lektüretipps/Filmempfehlungen **74**

Anmerkungen **78**

Raum für Notizen **79**

1. Erstinformation zum Werk

Unter einem Katz-und-Maus-Spiel lässt sich zweierlei verstehen. Zum einen ist es das Spiel des Starken mit dem Schwachen, des Jägers mit dem Gejagten. Der starke Jäger bleibt dem schwachen Gejagten auf den Fersen. Der Gejagte hat keine Möglichkeit, die Jagd durch einen Kampf zu beenden, auch an Geschwindigkeit ist ihm der Jäger weit voraus. Die Chancen der Maus sind daher gering und liegen in möglicher Begünstigung durch Situation oder Terrain. Aber auch das Tändeln der Katze mit der bereits gefangenen Maus ist das Spiel von Katze und Maus. So wie eine Katze die gerade gefangene Maus bisweilen nicht gleich tötet, sondern sie immer wieder scheinbar entkommen lässt, um sie dann, bevor sie weit genug gekommen ist, wieder einzufangen, ist die Situation Urbild für das Hinauszögern einer Entscheidung, die wegen der ungleichen Chancen von Anfang an kaum Zweifel an ihrem Ausgang lässt. Beiden Deutungen des Katz-und-Maus-Spiels ist eigen, dass es nur auf der Seite des Jägers im eigentlichen Sinne ein Spiel ist. Für die Katze geht es um einen Einsatz, den sie ständig vor Augen hat, für die Maus geht es um alles, ums Leben.

In der Literatur ist die Geschichte von Katze und Maus in der einen wie der anderen Ausprägung ein sehr altes Thema. Bereits die antiken Sagen berichten von Menschen, die sich den Launen der Götter ausgeliefert fühlen, und Göttern, die mit den ihnen ausgelieferten Menschen spielen. Die Passionsgeschichte verfügt ebenfalls über den Aspekt der Aussichtslosigkeit eines Verfolgten. Sie ist ein besonders wichtiger Bezugstext für *Katz und Maus*. Später findet sich das Thema des ungleichen Kräfteverhältnisses in verschiedenen

Fabelsammlungen, stets mit Verweisfunktion auf menschliches Leben und Erleben. Ein später Höhepunkt dieser Linie ist die kurze Erzählung *Kleine Fabel* aus Franz Kafkas Nachlass. Auch mit dieser knappsten Form einer Fabel ist ein wichtiger Prätext zur Grass-Novelle gegeben. Mit dem Titel *Katz und Maus* nennt Günter Grass sowohl den allgemeinen Topos, als auch die literarische Tradition, in der er steht.

Die Novelle *Katz und Maus* von Günter Grass, erschienen 1961 in der Nachfolge der schon damals sehr berühmten *Blechtrommel*, ist ein Werk, das sehr schnell sowohl begeisterte als auch heftig ablehnende Reaktionen hervorgerufen hat. Sorgfältige Beschäftigung mit feineren Strukturen des Werkes in der Folge ergab, dass mit *Katz und Maus* ein auf verschiedenen Ebenen aussagekräftiges Buch vorlag. Noch heute kommt es zur Entdeckung neuer Aspekte der Novelle. Sie ist damit einerseits ein sehr zugängliches Werk, das sich gut liest und eine nachvollziehbare Geschichte erzählt, andererseits aber eine Herausforderung an eine anspruchsvolle Interpretation im Detail. Der außergewöhnliche Erzähler Grass zeigt sich in ihr ebenso wie der überragende Planer und Strukturkünstler, und dies in recht gedrängter, kurzer Form.

Der Lektüreschlüssel *Katz und Maus* ist keine in sich geschlossene Untersuchung der Novelle. Er will vielmehr den Zugang zu Form und Gehalt des Textes erschließen, indem er einerseits Zusatzinformationen zum Text liefert und ihn strukturieren hilft, zum anderen Deutungsvorschläge macht, die eine eigene Interpretation auf verschiedenen Ebenen erleichtert. Es beginnt mit einer Inhaltsangabe, eingeteilt nach der Abfolge der Kapitel. Danach folgen kurze Darstellungen und Charakterisierungen der zentralen Personen in der Novelle. Die sich anschließende Darstellung des Werkaufbaus zeigt Besonderheiten der formalen Struktur auf. Dort geht es vordringlich um den Novellencharakter des Werkes, aber auch um Möglichkeiten, das Werk zu gliedern und Schlüsselstellen aufzufinden. Mit den Wort- und Sacherläuterungen endet der vornehmlich referierende Teil. Das Kapitel »Interpretation« bietet mehrere mögliche Zugänge zu einer Gesamtdeutung des Werkes an. Zwar hängen die einzelnen behandelten Aspekte miteinander zusammen, können aber getrennt voneinander verfolgt werden. Der nachfolgende Abschnitt »Autor und Zeit« erweitert den Informationshorizont und hilft, den Text sowohl dem Autor als auch dessen Gesamtwerk in seiner Zeit zuzuordnen. Daran schließt sich eine kürzere Darstellung der Reaktionen an, die die Novelle in der Öffentlichkeit hervorgerufen hat. Die sich anschließende Checkliste enthält Fragen zu allen in diesem Band behandelten Aspekten. Hier kann zum einen überprüft werden, wie erfolgreich die Lektüre gewesen ist, zum anderen versuchen einige der Fragen, das Leserinteresse auf Ungeklärtes in der Novelle zu lenken und so zur weiteren Beschäftigung mit einem reichhaltigen Text anzuregen. Am Ende des Bändchens finden sich einige Lektüretipps, die es ermöglichen, sich weitergehend zu informieren.

Bei Zitaten aus dem Novellentext beziehen sich die Seitenangaben in runden Klammern stets auf die Ausgabe im Deutschen Taschenbuch Verlag (München ^{9}1999).

2. Inhalt

Die folgende Inhaltsangabe folgt dem Gang des Erzählens. Dieser weicht in manchen Fällen, besonders, wenn es um die Biographie des Erzählers geht, aber auch im Falle der Eingangssequenz, von der zeitlichen Abfolge des Erzählten ab. Siehe hierzu auch den Abschnitt »Werkaufbau«.

Vor den Resümees der einzelnen Kapitel sei eine Übersicht über die Haupthandlung gegeben.

Der vierzehnjährige Joachim Mahlke aus Danzig leidet unter seinem überdimensionalen, während der Pubertät entstandenen Adamsapfel. Seine Versuche, die Umwelt von dieser Besonderheit abzulenken, führen dazu, dass er seine Schulfreunde in allen Aktivitäten zu übertreffen sucht und seinen Hals mit allerlei Auffälligkeiten behängt, um von seinem Makel abzulenken. Gleichzeitig schafft er sich Rückzugs- und Fluchträume in der Funkerbude eines untergegangenen Minensuchbootes ebenso wie in seiner ekstatischen Marienverehrung. Als effektivstes Mittel, Anerkennung zu gewinnen und von dem Adamsapfel abzulenken, bietet sich die höchste militärische Dekoration, das Ritterkreuz, an. Der Diebstahl eines solchen Ordens führt jedoch zum Schulverweis und verhindert, dass Mahlke, als er das Ritterkreuz später tatsächlich erhalten hat, an seiner alten Schule gefeiert wird. Er desertiert und ertrinkt wahrscheinlich bei dem Versuch, in sein altes Versteck auf dem Schiffswrack zu gelangen.

1. Kapitel

Die Novelle setzt ein mit einer Szene, die, wiewohl für den Verlauf der Handlung weniger bedeutend, Licht auf den Titel des Werkes wirft. Auf einem Schlagballfeld in Danzig beobachtet der Ich-Erzähler Pilenz, wie Joachim Mahlke, Protagonist des Werkes und Mitschüler des Erzählers, von einer jungen Katze angegriffen wird. Mahlkes auffallend großer Adamsapfel »wurde der Katze zur Maus« (6). Die Szene liegt zeitlich später als der Beginn der Handlung, sie findet statt, »als Mahlke schon schwimmen konnte« (5), wahrscheinlich im Sommer 1940. Unklar bleibt der Anteil des Erzählers an dem Vorfall, auf den der Handlungsverlauf wiederholt zurückkommt.

Die Maus

Die eigentliche Handlung beginnt 1939, als Joachim Mahlke im Alter von vierzehn Jahren als unauffälliger, kränklicher Schüler weder schwimmen noch Rad fahren kann. Er lernt es schnell und verbissen, um mit den anderen Jungen zu einem teilweise aus dem Wasser ragenden Wrack eines Minensuchbootes schwimmen zu können. Dort taucht er mit den anderen um die Wette, um aus den unter Wasser liegenden Schiffsbereichen Einzelteile zu bergen.

2. Kapitel

Im zweiten Kapitel werden Mahlkes Herkunft und sein Umfeld beschrieben. Er wohnt mit der verwitweten Mutter und deren älteren Schwester im Danziger Vorort Langfuhr in einem Haus auf der Osterzeile 24, nicht weit von der Wohnung Pilenz'. Mahlkes Zimmer ent-

Mahlkes Herkunft und Umgebung

hält Hinweise auf seinen Katholizismus sowie zahlreiche Beutestücke aus dem Minensuchboot, zum Beispiel ein komplettes Grammophon, aber auch eine polnische Marienmedaille aus Silber.

Im Gymnasium, dem Conradinum, gilt Mahlke als guter Schüler ohne Streber zu sein. Die Anerkennung, die er bei seinen Mitschülern genießt, scheint er selbst nicht zu bemerken. Aus dem Jungvolk wird er entfernt, nachdem er sich geweigert hat, zur Zeit der Messe Dienst zu tun. In der Hitlerjugend gelingt es ihm, unauffällig, nahezu unsichtbar zu bleiben. Seinen Mitschülern bleibt er weiterhin rätselhaft.

Sodann wird die Vorgeschichte des Wracks erzählt, auf dem sich die Protagonisten häufig aufhalten. Es handelt sich um die »Rybitwa«, ein polnisches Minensuchboot, das nach seiner Erbeutung im Herbst 1939 beim Abschleppen aus ungeklärten Gründen abgesackt war.

3. Kapitel

Auf dem Wrack finden unter den pubertierenden Jungen auch Wettkämpfe im Onanieren statt, an denen sich Mahlke nicht beteiligt. Nur einmal, provoziert von Tulla Pokriefke, dem einzigen Mädchen der Gruppe, stellt er auch hier alle Mitschüler in den Schatten. Dabei interessiert er sich keineswegs für Tulla, sondern reagiert auf die hartnäckigen Aufforderungen, sich am Wettkampf zu beteiligen.

Porträt Mahlkes

Am Ende des Kapitels versucht der Erzähler, aus der Erinnerung ein Porträt Mahlkes zu rekonstruieren. Trotz der Hinzuziehung von Erinnerungen der anderen Mitschüler bleibt das Gesicht Mahlkes unscharf: »Behelfsmäßig wurden wir uns einig« (44). Mahlke selbst hatte auf Versuche, sein Gesicht öffentlich darzustellen, empfindlich reagiert: Karel, der ihn an der Tafel skizziert hatte, wurde von dem ansonsten friedlichen Mahlke niedergeschlagen.

4. Kapitel

Im Winter 1941/42 ruft Mahlke, ohne es darauf anzulegen, einen Modetrend ins Leben, als er beginnt, eine Art Fliege aus Wollbällchen an einer Wollschnur zu tragen, die »Puscheln«. Bald wird er von anderen Schülern imitiert, und eine über Danzig hinausgehende »Puscheln«-Mode entsteht.

Mahlkes »Puscheln«-Mode

Im gleichen Winter kommen zwei Kusinen des Erzählers aus Berlin zu Besuch, denen das eingefrorene Minensuchboot vorgeführt werden soll. Mahlke ist schon auf dem Wrack, damit beschäftigt, den im Sommer zum Tauchen benutzten Lukendeckel freizulegen. Am nächsten Tag kommt der Erzähler noch einmal zum Wrack, um festzustellen, dass Mahlke tatsächlich das Eisloch exakt an der Stelle ausgehöhlt hat, wo der Lukendeckel unter dem Eis liegt.

Schließlich wird von einer Gemeinsamkeit des Erzählers und Mahlkes berichtet, sie beide sind Ministranten an der Herz-Jesu-Kirche, Mahlke stets intensiv betend, der Erzähler stets Mahlke beobachtend.

5. Kapitel

Unvermittelt kommt ein ehemaliger Schüler ans Gymnasium zurück, um von seinen Erlebnissen an der Front zu berichten. Mahlke hört seinem Vortrag und den Schilderungen von Luftkämpfen aufmerksam zu. Erst spät wird dem Erzähler klar, dass Mahlke vor allem das Ritterkreuz des jungen Leutnants in Bann zieht. Die Puscheln trägt Mahlke von da an nicht mehr, stattdessen aber Leuchtplaketten und Leuchtknöpfe.

Luftkampf-Vortrag

6. Kapitel

Im folgenden Sommer hat Mahlke offenbar jedes Interesse am Tauchen verloren. Die Tertianer haben das Wrack entdeckt und bevölkern es. Bei der Rettung eines der Tertianer findet Mahlke den Zugang zur Funkerkabine des Schiffs, die teilweise über dem Wasserspiegel liegt. Er richtet sich diesen für alle Freunde unerreichbaren Raum mit persönlichen Gegenständen, vor allem aber mit Mariendevotionalien ein.

Mahlkes Funkerkabine

7. Kapitel

Im gleichen Sommer besucht ein weiterer ehemaliger Schüler und Ritterkreuzträger, ein U-Boot-Kommandant, die Schule, um einen Vortrag zu halten. Mahlke ist sofort wieder im Bann des offen getragenen Ritterkreuzes. In der anschließenden Sportstunde, bei der der Kapitänleutnant mitturnt, wird das Ritterkreuz aus der Umkleidekabine gestohlen. Pilenz vermutet sogleich, dass Mahlke der

Mahlke und das Ritterkreuz

Dieb ist. Die sofort anberaumte Untersuchung aber führt zu nichts.

8. Kapitel

Am nächsten Tag sucht Pilenz Mahlke auf dem Minensuchboot auf. Mahlke hat tatsächlich das Ritterkreuz bei sich. Zum ersten Mal wirkt er, der sonst stets angespannt und verkrampft ist, gelöst und ruhig. Pilenz rät ihm, den Orden in der Funkerkabine zu verstecken, Mahlke aber beschließt, sich dem Direktor der Schule, Oberstudienrat Klohse, zu stellen. Er wird der Schule verwiesen und besucht von da an die Horst-Wessel-Oberschule.

Schulverweis Mahlkes

In diesem Kapitel wird, neben der eigentlichen Novellenhandlung, einiges mehr über den Erzähler Pilenz berichtet. Nach dem Krieg ist er Sekretär im Kolpinghaus geworden, wo er, angeregt durch den Franziskanerpater Alban, Mahlkes Geschichte erzählt.

9. Kapitel

In den großen Ferien fehlt von Mahlke jede Spur, da er sich in ein Wehrertüchtigungslager gemeldet hat. Pilenz trifft ihn nach den Ferien redselig und gelöst beim wieder aufgenommenen Ministrantendienst in der Marienkapelle. Am dritten Advent besucht Pilenz Mahlke bei seiner Familie und bekommt Einblick in die Lebensgeschichte des 1934 verstorbenen Vaters.

Mahlkes Familie

10. Kapitel

Anfang 1943 wird Pilenz Luftwaffenhelfer in Brösen-Glettkau bei Danzig. Mahlke ist nach einem Notabitur in den Reichsarbeitsdienst eingezogen worden, den er auf der Tuchler Heide ableistet. Zufällig begegnen sie sich in Oliva, dann sehen sie sich ein Jahr lang nicht. Auskunft geben nur Briefe über Mahlkes religiöse Gedanken und seine militärischen Erfolge.

Arbeitsdienst Mahlkes

11. Kapitel

Pilenz wird im Frühjahr ebenfalls zum Reichsarbeitsdienst eingezogen und folgt auch hierin Mahlke, dessen Hinterlassenschaft im Ausbildungslager auf der Tuchler Heide er in Form einer lateinischen Inschrift auf der Latrine findet und entfernt. Mahlke hat während seiner militärischen Dienstzeit ein Waffendepot der Partisanen entdeckt und ist für einen kleineren Orden vorgeschlagen worden. Als Pilenz' Dienstzeit beinahe um ist, kommen die ersten Meldungen über zahlreiche Panzerabschüsse Mahlkes.

Pilenz folgt Mahlke

12. Kapitel

Nach dem Abschluss seiner Dienstzeit kehrt auch Pilenz nach Danzig zurück. Im Conradinum trifft er auf Mahlke, der mit seinem neuen Ritterkreuz gekommen ist, vor den Schülern seinen Erlebnisvortrag zu halten. Oberstudienrat

Klohse aber lehnt den Vortrag aufgrund des Diebstahls, der damals zu Mahlkes Schulausschluss geführt hatte, ab. Von einem anderen Vortragsort will Mahlke nichts wissen. Dagegen lauert er eines Nachts Klohse auf und ohrfeigt ihn. In der gleichen Nacht glauben sie Tulla Pokriefke zu sehen, die als Straßenbahnschaffnerin arbeitet. Schließlich verschwindet Mahlke, nachdem er seine Urlaubszeit überschritten hat.

Mahlke mit Ritterkreuz

13. Kapitel

Am nächsten Morgen treffen sich Mahlke und Pilenz wieder in der Kirche. Mahlke will desertieren. Er beschließt, sich in seiner Funkerbude auf dem Minensuchboot zu verstecken. Pilenz rudert ihn zum Wrack hinüber. Mahlke taucht und verschwindet damit aus der Novellenhandlung. Pilenz, der als Erzähler aus einem Abstand von etwa 15 Jahren berichtet, bringt nach dem Verschwinden Mahlkes große Teile seiner Zeit mit der Suche nach ihm zu, ohne ihn wiederzufinden.

Mahlkes Ende

3. Personen

Joachim Mahlke: Der Held der Novelle ist ein Junge aus Danzig, der zu Beginn der Novelle mit Mutter und Tante zusammen in einem Siedlungshaus in Danzig-Langfuhr lebt. Sein Vater, ein Eisenbahner, ist vor Einsetzen der Novellenhandlung bei dem Versuch ums Leben gekommen, einen Eisenbahnunfall zu verhindern. In der Schule ist Mahlke bewunderter wie belachter Außenseiter, der seinen Mitschülern ein beständiges Rätsel bleibt. Auf jedem erdenklichen Gebiet versteht er es, seine Mitschüler zu überflügeln, jedoch nie auf entspannt-souveräne Weise, sondern stets verkrampft und angestrengt. Äußerlich fällt vor allem sein übergroßer Adamsapfel auf. Diesen, wie seine gesamte Person, bemüht er sich der allgemeinen Aufmerksamkeit zu entziehen. Dabei versucht er nicht so sehr, den Adamsapfel zu verbergen. Er lenkt vielmehr von ihm ab, indem er auffällige oder auffälligere Dinge in dessen Nähe bringt, wie zum Beispiel den englischen Schraubenzieher, die Puscheln oder am Ende das Ritterkreuz. Sein Streben gilt jedoch nicht nur der Unauffälligkeit, sondern, wie sich an seinem Wunsch nach einem eigenen Vortrag am Conradinum zeigt, persönlicher Anerkennung, in jedem Fall aber der Abwendung von wie immer gearteter Verfolgung.

Außenseiter Mahlke

Der Ich-Erzähler: Diese Figur wird nicht, wie Mahlke, in expliziten Beschreibungen eingeführt. Obwohl er ständig präsent ist, ist seine Charakterisierung auf Rückschlüsse angewiesen. So erfährt man in der gesamten Novelle nur den Nachnamen des Erzählers, Pilenz, diesen auch erst im achten Kapitel und mit dem Zusatz: »was tut mein Vorname zur Sache« (102). Die meisten Angaben zu seiner Person sind solche, die in Beziehung zu Mahlke stehen. So ist er Mitschüler von Joachim Mahlke und, da dieser spät eingeschult worden ist, ein Jahr jünger als er. Vor allem aber ist er sein ständiger Beobachter, jedoch nicht nur Beobachter, sondern auch Initiator seines Schicksals: Indem er die Katze des Platzwarts auf den Adamsapfel Mahlkes hetzt, bringt er gewissermaßen die erzählte Geschichte in Gang. So versteht er sich auch als mit Mahlke verbunden und zuständig für diesen und sein Schicksal. Seine Beziehung zu Mahlke und dessen Geschichte ist einerseits von schlechtem Gewissen geprägt, andererseits aber von einer, nur in Andeutungen erkennbaren und von ihm selbst bekämpften homoerotischen Neigung zu diesem. Pilenz spielt in der Novelle eine Doppelrolle, einerseits als Biograph und Beobachter Mahlkes, andererseits als Protagonist seiner eigenen Geschichte. (Zu dieser Doppelung s. auch »Zwei Geschichten«, S. 51f.).

Pilenz' Doppelrolle

Tulla Pokriefke: Tulla ist das einzige Mädchen in der Gruppe auf dem gestrandeten Minensuchboot und eine der wenigen weiblichen Charaktere der Novelle. Sie ist Einzelgängerin und Ausnahmefigur; keine Frau kommt Mahlke jemals näher als Tulla, doch auch sein Verhältnis zu ihr »zählt nicht« (38). Sie hingegen ist von ihm fasziniert, ähnlich wie seine Mitschüler. Als er nach seinem Wechsel zur Horst-Wessel-Oberschule nicht mehr zum Schiffswrack kommt, fehlt von da an auch Tulla. Sie wird insgesamt als wenig weiblich beschrieben, »ein Spirkel mit Strichbeinen«, und »hätte genausogut ein Junge sein können« (38), aber, so Pilenz, »uns allen saß Tul-

Einzelgängerin

la als Splitter im Fleisch«. Für Mahlke, der eine intensive Marienverehrung lebt, stellt Tulla, die beharrlich als Verführerin oder gar personifizierte Verführung beschrieben wird, einen Gegenpol zur Jungfrau Maria dar. Durch ihre androgyne Erscheinung ebenso wie durch ihre auffällige Beherrschung des Wassers wird sie in die Nähe romantischer Naturwesen, wie der Nixen und Undinen gerückt. »Eigentlich hätte sie Schwimmhäute zwischen den Zehen haben müssen« (38), bemerkt Pilenz.

Verführerin

Oberstudienrat Waldemar Klohse: Klohse ist Lehrer für Mathematik und Direktor des Conradinums. Er ist am Gymnasium oberste Instanz und, wie sich am Ende herausstellt, unüberwindliches Hindernis für die Erfüllung von Mahlkes Wunsch nach Anerkennung. Seine Sprechweise ist durch die Verwendung von propagandistischen Sprachhülsen und formelhaften Literaturzitaten geprägt, was ihn als mechanisch funktionierenden Mitläufer und Träger des nationalsozialistischen Systems wie des humanistisch geprägten Schulmechanismus ausweist. Er ist so vollständig in seine schulische und bürgerliche Umgebung eingepasst, dass er in seiner auffälligen Unterschiedslosigkeit zu dem Platz, den er einnimmt, eine Art Gegenrolle zu Tulla Pokriefke spielt, die überall Ausnahme und Außenseiterin ist.

Angepasster Nationalsozialist

Hochwürden Gusewski: Der Priester der Marienkapelle, bei dem Mahlke und Pilenz jahrelang Ministrantendienste tun, greift in das eigentliche Geschehen kaum ein. Auch ist er keine auffällige Erscheinung. »Insgesamt war er ein Priester wie hundert andere« (114), charakterisiert ihn Pilenz. Er zeigt sich als Opportunist seiner Zeit, indem er 1940 einen Antrag auf Namensänderung vom slawischen Gusewski zu einem germanischeren Gusewing stellt, hierin durchaus mit vielen seiner Zeitgenossen im Einklang. Allerdings zeigt er auch einige der Erwähnung werte Verhaltensweisen und Eigenschaften, die ihn für Mahlke und fast noch mehr für Pilenz zur wichtigen Person machen. So spricht niemand mit mehr Verständnis und Interesse für Mahlke als der Priester. Seine Homosexualität, die für Pilenz bereits im Alter von dreizehn Jahren offensichtlich ist, entfernt ihn von der Masse der Danziger im Dritten Reich. Für Pilenz ist er einer von zwei Vertrauenspersonen, die auffälligerweise beide Geistliche sind. Der zweite ist der Franziskanerpater Alban, der später Pilenz zur Niederschrift seiner Geschichte rät und ihn somit zum Erzähler macht.

Vertrauensperson für Mahlke

Studienrat Mallenbrandt: Studienrat Mallenbrandt ist in mehrfacher Hinsicht ein Dazwischenstehender. Er ist einerseits Vertreter der bestehenden Ordnung, andererseits aber führt er »bis ins zweite Kriegsjahr« (13) einen katholischen Arbeiter-Turnverein, was eine sich den staatlichen Zielen widersetzende Haltung zeigt. Sein Beharren auf der unverletzten eigenen Autorität wird vor allem in der Untersuchung deutlich, die er nach dem Diebstahl des Ritterkreuzes anstellt. Sehr schnell geht es ihm nicht mehr um Aufklärung und Wiederbeschaffung des Kreuzes als vielmehr um die Durchsetzung seines Herrschaftsanspruchs. Sein ganzes Wesen ist auf die Einhaltung von Regeln gerichtet. So ist er berühmt, »weil er ein richtungweisendes Regelbuch für das Schlagballspiel« (13) geschrieben hat.

Autorität und Regel

Studienrat Oswald Brunies: Der Deutschlehrer Brunies steht beispielhaft für eine unauffällige Existenz unter dem Nationalsozialismus, die als keineswegs exotisch angesehen werden muss. Er ist »ein ausgedienter Studienrat, den sie während des Krieges wieder hinters Katheder gestellt« (48) haben. Sein Lieblingsdichter ist Eichendorff, mit dem er weite Teile seines Unterrichtes bestreitet. Dem Nationalsozialismus steht er fern und Anordnungen von oben trägt er bisweilen nicht mit, wie zum Beispiel die Durchsetzung des Puscheln-Verbots an der Schule. Dabei ist er aber kein entschiedener Regimegegner. Dass er später dennoch verhaftet wird und im Konzentrationslager Stutthof endet, liegt wahrscheinlich nicht an politischer Betätigung, obwohl er Freimaurer ist, sondern an seiner Angewohnheit, für Schüler bestimmte Vitamin-Tabletten zu unterschlagen und selber zu lutschen. Brunies ist exemplarisch für einen bestimmten Typ Lehrer unter dem Nationalsozialismus, nicht nur in seiner Ausrichtung auf Schöngeistiges und seiner Harmlosigkeit, er ist in seiner kindlichen und öffentlich gewordenen Naschhaftigkeit auch Beispiel für ein vollständiges Versagen von Erziehern in ihrer Vorbildfunktion. Zwar hofft Pilenz nach der Verhaftung des Lehrers, »nicht gegen ihn ausgesagt zu haben« (48 f.), Respekt aber verspürt er keinen: »Süß verklebt kam sein Altmännernuscheln vom Katheder« (109). Negativ fungiert er allerdings doch als eine Art Vorbild, indem er als Erster am Conradinum einen Diebstahl begeht, eben den der Vitamintabletten, der später, nicht aber von Direktor Klohse, geahndet wird. Motivisch bereitet er damit Mahlkes Tat vor. Auch ist er der Lehrer, der, indem er nach Mahlkes Berufswünschen fragt (2. Kapitel), Interesse für dessen Zukunft zeigt.

Mitläufertum

Pater Alban: Der Franziskanerpater Alban ist die einzige Person, die nur im Erzählrahmen in Erscheinung tritt. Pilenz ist ihm in dem Kolpinghaus begegnet, in dem er nach dem Krieg eine Sekretärsstelle innehat und das ihm Zuflucht geworden ist. Er erinnert in mancher Beziehung an Hochwürden Gusewski, den Geistlichen der Novellenhandlung. Wenn Gusewski als »gläubig mit Einschränkungen« (114) bezeichnet wird, so heißt es von Pater Alban, er sei ein »halbwegs gläubiger Franziskaner« (102). Alban ist für Pilenz häufiger Gesprächspartner und gewissermaßen Beichtvater, so wie es Gusewski für Mahlke offiziell gewesen ist. Mit seinem Ratschlag an Pilenz, sich die ganze Geschichte doch vom Leib zu schreiben, fordert er den Erzähler einerseits zur Beichte auf, andererseits bietet er ihm mit dem erleichternden Schreiben eine Therapie seines Leids an. Schließlich ist er mit der gleichen Äußerung auch noch der Initiator der Novelle. Von seiner Person aber wird kaum etwas bekannt. So ist er stärker Funktion als Romanfigur.

Initiator der Novelle

Mahlkes Familie: Mahlkes Mutter und seine Tante sind in ihrer Hilflosigkeit und ihrer Verkennung wichtiger Umstände einerseits Teilursache für die Isolation Mahlkes, andererseits stehen sie exemplarisch für von Grass selber so erlebte Teile der Bevölkerung, die in ihrer Ahnungslosigkeit das System des Nationalsozialismus bis zum Ende mittragen halfen, obwohl sie ihm insgesamt indifferent bis ablehnend gegenüber standen. Im Hause Mahlke wird nicht gehungert, was der Hilfe der Verwandten auf dem Lande zuzuschreiben ist. Ihre Kenntnis von Vorgängen und Zusammenhängen außerhalb ihrer Erfahrungswelt ist sehr begrenzt. So

Naive Volksgenossen

muss ihnen Mahlke, dessen Autorität sie schon in sehr jungen Jahren rückhaltlos anerkennen, die einzelnen Kriegsschauplätze und das dortige Geschehen erklären. Das Ausmaß der Ahnungslosigkeit offenbart sich bei der Lektüre von Mahlkes Feldpostbriefen. Angesichts der Einteilung Mahlkes zu den Panzertruppen meint die Tante: »Da wird ä nu wohl jeschitzter sain als bai de Infantrie, och bai Rejenwättä« (132).

Frau Pilenz: Auch Frau Pilenz muss sich ohne ihren Mann behelfen, der ist im Krieg und nur in Feldpostbriefen präsent. Das führt zu einer langen und vielfältigen Abfolge von offen ausgelebten außerehelichen Beziehungen mit Vertretern sämtlicher Waffengattungen. Für Pilenz' gefallenen Bruder hat sie auf dem Buffet »etwas Altarähnliches« (136) aufgebaut. Pilenz, der sich sehr vernachlässigt fühlt, spricht im Zusammenhang mit seiner Mutter und ihrer zur Schau getragenen Trauer zynisch von »illustriertenseliger Gemütlichkeit« (136). Auch Frau Pilenz ist in mehrfacher Hinsicht exemplarisch für die Lebenswirklichkeit der letzten Kriegsjahre. Dazu gehörten der vaterlose Haushalt und die Männerbekanntschaften ebenso wie die Bewältigung von Trauer durch deren Ausleben in quasireligiösen Arrangements von Erinnerungs- und Gedenkstücken.

Witwe Pilenz

4. Werkaufbau

Katz und Maus gibt bereits im Titel mit der Bezeichnung »Eine Novelle« Auskunft über den inneren Aufbau des Werkes. Zu einer Zeit verfasst, als die Zeit der Novelle eigentlich schon vorbei zu sein scheint, ist die ausdrückliche Zuordnung zu dieser literarischen Gattung umso auffallender. Es ist also sinnvoll, den Aufbau von *Katz und Maus* vor dem Hintergrund der Gattungszuordnung zu betrachten. Hierzu sollen zunächst kurz die Grundeigenschaften der Erzählform Novelle umrissen werden.

Die Novelle

Seit der italienischen Renaissance ist unter dem Namen »novella« eine kürzere Erzählung, zumeist in Prosa, bekannt, die bestimmten Anforderungen genügt. So verfolgt die Novelle im Gegensatz zum Roman nur einen Handlungsstrang, diesen aber geradlinig und auf ein Ziel zulaufend. Die Länge der Novelle lässt sich nicht idealtypisch festschreiben, im Allgemeinen bewegt sie sich zwischen Kurzgeschichte und Roman. Goethe definiert die Novelle 1827 in einem Gespräch mit Eckermann als »eine sich ereignete unerhörte Begebenheit«. Er legt damit den Schwerpunkt auf das Neue und Ungewöhnliche, von dem die Novelle erzählt, aber auch auf das Tatsächliche, das in der »Begebenheit« liegt. Damit ist nicht gemeint, dass das Erzählte wirklich geschehen ist, es ist eine realistische Plausibilität gemeint, die die Novelle vom Märchen, der Legende und der Gruselgeschichte abgrenzt.

Gattungsgeschichte

Storm, der die Novelle »Schwester des Dramas« nennt, betont einen anderen Aspekt, den des dramatischen Aufbaus der Novelle. Insbesondere der in der Novelle auffindbare Wendepunkt der Handlung mit der damit verbundenen auf- und absteigenden Linie der Handlungsentwicklung entspricht sehr weitgehend der geschlossenen Form des klassischen Dramas mit dem dramatischen Höhepunkt im dritten Akt. Häufig ist auch zu beobachten, dass das erste Kapitel einer Novelle die Funktion einer Exposition übernimmt und somit eine Art von erstem Akt bildet.

Verwandtschaft Novelle – Drama

Kennzeichen der Novelle ist auch fast stets ein Handlungsrahmen, der ihr Legitimation gibt, indem geklärt wird, wie und warum es zum Berichten der Begebenheit gekommen ist. Der Erzähler klärt seine häufig krisenhafte Verbindung zum Erzählten. In dem Erzählrahmen zeigt sich außerdem häufig ein Reflex der Gattungsherkunft: Die ersten Novellensammlungen – wie z. B. das *Decamerone* Boccaccios – fingierten eine Situation, in der in einer Gesellschaft reihum Geschichten erzählt werden. Dieser gesellige Aspekt der Novelle spiegelt sich im Erzählrahmen, der zwischen Erzählung und Leser vermittelt.

Die Rahmenhandlung

Sehr häufig weist die Novelle, schon in ihren frühesten Formen, ein weiteres Merkmal auf, das Leitmotiv. Hierbei handelt es sich um einen Gegenstand, einen Begriff oder ein Motiv, das unverändert oder variiert an verschiedenen Stellen im Text auftaucht. Das Motiv ist inhaltlich wie strukturell wirksam und kann die einzelne Novelle stark bestimmen. Dies ist in *Katz und Maus* in besonderem Maße der Fall. Paul Heyse, der das Leitmotiv in Anlehnung an Boc-

Leitmotiv (»Falke«)

caccios Falkennovelle einen »Falken« nannte, spricht von einem notwendigen zweimaligen Auftauchen des Leitmotivs in der Novelle.

Die »unerhörte Begebenheit«

Was ist das Unerhörte, das Besondere an der in *Katz und Maus* erzählten Geschichte? Als eine auffällige Begebenheit kann Mahlkes Verschwinden am Ende der Geschichte angesehen werden. Es ist dem Erzähler Pilenz so unverständlich, dass er noch Jahre nach Kriegsende nicht aufgehört hat, nach seinem Jugendfreund zu suchen. Aber auch andere als Pilenz äußern sich zu dieser Frage. »Unerhörtes habe sich zugetragen« (109), kommentiert Oberstudienrat Klohse den Diebstahl Mahlkes und zeigt sich so als Vertreter und Teil äußerer Ordnung, dem die Zerstörung der Ordnung und der Bruch der Regeln als das Unerhörte schlechthin vorkommen müssen. Er markiert hiermit den Diebstahl des Ritterkreuzes als einen zentralen Punkt im Ablauf des Geschehens (siehe hierzu auch den folgenden Abschnitt »Die Handlungsstruktur«). Gleichzeitig zitiert er die Goethesche Definition der Novelle und bestätigt damit, dass es sich hier um Unerhörtes im Sinne von Erzählwürdigem handelt.

Was ist das »Unerhörte«?

Die Handlungsstruktur

Katz und Maus ist insofern in idealtypischer Weise eine Novelle, als das Werk deutlich die drei Hauptteile der geforderten Handlungsstruktur aufweist: Aufsteigende Handlung,

Wendepunkt, absteigende Handlung. Dazu kommt, dass das erste Kapitel in Form einer Exposition arbeitet. Es wird der Protagonist Mahlke eingeführt, ebenso der allgemeine Schauplatz Danzig wie der besondere, zentrale, mit dem Minensuchboot »Rybitwa«. Es bietet sich an, als Wendepunkt den Diebstahl des Ritterkreuzes in der Umkleidekabine der Turnhalle anzusehen. Bis dahin war alles, was Mahlke sich um den Hals hängte, Symbol eines Zugewinns an Ansehen, Zeichen seines Aufstiegs. Der Vorfall in der Turnhalle aber verändert die Entwicklungsrichtung mit einem Mal und leitet den Abstieg ein. Mahlke verschwindet mehr und mehr aus dem Gesichtsfeld des Erzählers, bis er, am Ende der Novelle, buchstäblich untertaucht und unsichtbar wird. Hier verwirklicht sich die Ideallinie der dramenverwandten Novelle. Allerdings ließe sich der Knick in Malkes Geschichte auch an der Stelle seiner Auseinandersetzung mit Klohse setzen. Neben der einen Geschichte vom Versuch Mahlkes, unauffällig zu bleiben und anerkannt zu werden, werden darüber hinaus weitere erzählt. Die des Erzählers Pilenz, zum Beispiel, folgt einer ganz anderen Linie. Man kann ihn als einen Schuldigen begreifen, der von der anfänglichen Szene an immer tiefer in seiner Verstrickung versinkt und somit diese Linie als eine von Beginn an stetig abfallende mit dem Wendepunkt in der ersten Szene ansehen.

Der Spannungsbogen

Für jede der geschilderten Sichtweisen auf die Novelle lässt sich eine Verlaufskurve zeichnen, die Auskunft darüber gibt, wessen Geschichte unter welchem Aspekt man für die zentrale ansieht. *Katz und Maus* verfügt also durchaus über die typische Novellenstruktur der geschlossenen Form, über diese aber in mehrfacher Weise.

Der Erzählrahmen

Im *Decamerone* Boccaccios, einem der Initialwerke der Novellenliteratur, findet sich eine vornehme Gesellschaft in einem abgelegenen Schloss zusammen, um der im Lande grassierenden Pest zu entkommen. Um sich die Zeit zu vertreiben, erzählen sie sich Geschichten, die sie »novelle« nennen. Von einer solchen Erzählsituation hat sich Pilenz, der die Geschichte des großen Mahlke erzählt, weit entfernt. Er ist, im Gegensatz zu den Erzählerfiguren Boccaccios, selber Teil der Geschichte, die er vorgibt zu beherrschen. Auch ist das Ziel seines Erzählens keineswegs der Zeitvertreib. Er ist vielmehr verzweifelt bemüht, sich sein schlechtes Gewissen vom Leibe zu schreiben und seinen Anteil an Mahlkes Untergang klein zu halten: »Aber ich schreibe, denn das muß weg« (106), begründet er seinen Bericht. Genau dies aber, sich mittels des verharmlosenden Berichts reinzuwaschen, gelingt Pilenz nicht. Die Geschichte von der Katze, die er einmal auf Mahlkes Adamsapfel, die Maus, gehetzt hat, taucht in der Novelle immer wieder auf und erzählt sich gewissermaßen gegen den Willen des Erzählers Pilenz. »Gibt es Geschichten, die aufhören können?« (135), fragt er sich selbst sogar, als es ihm nicht einmal gelingt, seine eigene Erzählung zu beenden.

Erzählerfigur und Erzählmotivation

Katz und Maus verfügt also über einen Erzählrahmen mit erfundenem Erzähler und erfüllt so die Anforderungen der literarischen Gattung Novelle. Im Gegensatz aber nicht nur zu den frühen, sondern noch zu vielen realistischen Novellen des 19. Jahrhunderts ist hier der Erzähler selbst in die Geschichte verstrickt und versucht vergeblich, ihrer Herr zu werden. Formaler Ausdruck der Verstrickung ist die, in traditionellen Novellen eher seltene, Vermengung der Erzählebenen. Bereits erwähnt wurde das Aufbrechen der Chronologie im Erzählten durch die Voranstellung der Szene auf dem Sportplatz. Eine solche Hervorhebung einer oder mehrerer Situationen ist prinzipiell nichts Ungewöhnliches. Auffällig und beinahe störend dagegen ist die Angewohnheit des Erzählers, häufig Einzelheiten aus der Gegenwart des Erzählens in die Handlung einfließen zu lassen. So erfährt man unvermittelt von den Gründen für sein Schreiben, seinem Leben im Kolpinghaus, seinen Gesprächen mit dem Franziskanerpater Alban, ja sogar von einer Ausstellung des Kolpinghauses mit dem Titel »Kinder unserer Pfarre malen den Sommer« (101). Zu dieser Vermengung von Erzählebenen gehört auch der ständige Wechsel seines Blickes auf Mahlke. Dieser ist ihm in schnellem Wechsel einmal Gegenstand der Beschreibung, ein andermal mit »Du« angesprochener Gesprächspartner. So ist die Haltung des Erzählers ein ständiges Schwanken zwischen Nähe und Ferne zu seinem Erzählgegenstand.

Weiterentwicklung der traditionellen Erzählerfigur

Ähnlich schwankend ist sein Selbstverständnis als Erzähler. Einerseits gefällt er sich in der Pose des allmächtigen Schöpfers einer erzählten Welt: »so lasse ich am Anfang die Maus über dem Schraubenzieher hüpfen, werfe ein Volk vollgefressene Seemöwen hoch über Mahlkes Scheitel« (6). Andererseits ist es mit der Allmacht nicht weit her: »Der uns erfand, von berufswegen, zwingt mich wieder und wieder Deinen Adamsapfel in die Hand zu nehmen« (6), beschreibt Pilenz seine Situation der Ohnmacht, die sich auch darin äußert, dass es dem Erzähler nicht gelingt, ihm unangenehme Sachverhalte anders oder

Das Selbstverständnis des Erzählers

gar nicht zu erzählen. Die Frage, wer anfangs die Katze auf Mahlke gehetzt und somit die Geschichte begonnen hat, drängt sich beharrlich immer wieder in den Lauf der Erzählung ein, ebenso wird die Täterschaft Pilenz', die dieser gerne verschleiern oder abstreiten möchte, immer wieder benannt. Es zeigt sich also ein Erzähler, der bestrebt ist, vom Erzählrahmen aus die Geschichte souverän zu gestalten, ihr aber unterworfen ist.

So, wie der Erzähler als handelnde Person mit in das Geschehen verstrickt ist, ist auch der zweifellos vorhandene Erzählrahmen der Novelle in deren Handlungsteil verwoben.

Das Leitmotiv

Das Ritterkreuz als Dingsymbol

Als Leitmotiv im Heyse'schen Sinne kann in *Katz und Maus* das begehrte, gestohlene und schließlich selbst erhaltene Ritterkreuz angesehen werden. Es steht zweifellos in enger Beziehung zu der Entwicklung der Handlung. Indem zunächst das Kreuz für Mahlke zum Ausweg aus seiner unglücklichen Situation wird, erweist sich zuletzt die Ausweglosigkeit aller Versuche, die Maus oder den Adamsapfel zu verbergen. Die zweite oder zentrale Motivstelle, der Diebstahl, stellt den Wendepunkt der Erzählung dar. Es ist umgeben von einem ganzen Bündel verwandter Motive, den anderen materiellen Belegen für weitere Versuche, von dem großen Adamsapfel abzulenken. Parallel zu den stetig wiederkehrenden Erwähnungen des Ritterkreuzes verläuft eine Linie von Kreuzmotiven auf religiöser Ebene und vereint so die beiden für den Protagonisten wichtigsten Bereiche.

Katz und Maus zeigt sich in der Summe als eine Fortsetzung der alten Gattung Novelle. Sie greift die traditionellen formalen und inhaltlichen Strukturen auf, entwickelt sie aber weiter und formt sie um. Dabei korrespondieren Form und Inhalt miteinander, indem die Verstrickung des Erzählers in die Geschichte sich in der Verwobenheit des Erzählrahmens mit der eigentlichen Novellenhandlung wiederholt und bestätigt. Die Konsequenz, mit der sich Form und Inhalt gegenseitig bestätigen, bilden einen Grund, *Katz und Maus* als ein herausragendes Werk der Nachkriegsliteratur zu bewerten.

Katz und Maus *als Weiterführung der Novelle*

5. Wort- und Sacherläuterungen

1. Kapitel

10,11 **Drussel:** Schiffstau.

10,12 **Minimax:** Feuerlöscher der Firma »Minimax«.

11,8 **Schotts:** wasserdichte Quer- oder Längswände in einem Schiff.

19,18 **Stufengebete:** Gebete des Priesters vor der Messe an den Stufen des Altars; mit dem Zweiten Vatikanischen Konzil abgeschafft.

20,1 **nach dem Rummel in Frankreich:** Gemeint ist der deutsche Westfeldzug gegen Frankreich im Frühsommer 1940.

20,8 **mittenmang:** niederdeutsch: mittendrin.

21,4 **Pilsudski:** Józef Klemens Pilsudski (1867–1935), polnischer Politiker und Marschall, erster Staatschef Polens nach 1918.

21,16 **Matka Boska Czestochowska:** Die »Schwarze Madonna von Tschenstochau« ist noch heute eines der meistverehrten Heiligtümer Polens.

22,6 **Amtsleiter:** Mitglied der NSDAP in mehr oder weniger führender Position. Menschen in leitenden Positionen, wie Schuldirektor Klohse, sahen sich oft gewissem Druck ausgesetzt, der Partei beizutreten. Die leitende Position allerdings scheint Klohse freiwillig übernommen zu haben.

22,7 **Parteikluft:** Parteiuniform, die zu tragen als Bekenntnis zum nationalsozialistischen System verstanden wurde.

22,13 **Bonte:** Kommodore Friedrich Bonte wurde 1940 postum das Ritterkreuz verliehen.

2. Kapitel

25,10 **Sixtinischen Madonna:** Marienbild von dem italienischen Maler Raffael, eigentlich Raffaello Santi (1483–1520).

25,16 **Schnee-Eule:** einzelgängerischer Nachtvogel, der stark bejagt wurde und heute fast ausgerottet ist.

28,13 **Primus:** (lat.) Erster, hier: Klassenbester.

28,22 **Überzieher:** Präservativ.

31,5 **Kombüse:** Schiffsküche.

31,13 **Hostie:** scheibenförmige Oblate für Messfeier, Kommunion und Abendmahl.

31,21 **Jungvolk:** Äquivalent zur Hitlerjugend für Jungen von 10 bis 14 Jahren.

31,22 **Hitlerjugend:** Jugendorganisation der NSDAP für Jungen von 14 bis 18 Jahren mit dem Ziel, Jugendliche auf die Weltanschauung des Nationalsozialismus einzuschwören. Die Mitgliedschaft war offiziell freiwillig, es war aber schwer, sich der Forderung nach Teilnahme zu entziehen.

32,6 f. **Schulungsabende:** obligatorische Versammlungen zur politischen Ausrichtung der Hitlerjugend.

32,22 **farbigen Schülermützen:** An der Farbe der Schülermützen damaliger Gymnasien war sowohl die Zugehörigkeit zu einer bestimmten Schule als auch die zu einer bestimmten Klassenstufe zu erkennen.

33,23 **Westerplatte:** Landzunge gegenüber Danzig, Ort eines offiziellen polnischen Munitionslagers und der Ort, an dem der Zweite Weltkrieg, in Sichtweite Danzigs, ausbrach.

35,6 **Wohnhulk:** altes, abgetakeltes Schiff, das fest im Hafen liegt und als Wohnraum genutzt wird.

36,14 **Scapa Flow:** Bucht der Orkney-Inseln, Ort der Selbstversenkung eines großen Teils der deutschen Flotte nach dem Ersten Weltkrieg.

3. Kapitel

38,3 **Spirkel:** dünnes Geschöpf.

39,13 **Beichtspiegel:** Verzeichnis häufiger Sünden zur Vorbereitung auf die Beichte.

42,28 **toten Mariner:** Die Ballade *The Rime of the Ancient Mariner* von Samuel Coleridge berichtet vom Fluch, der einen alten Seemann trifft, als er einen Albatros, den Glücksvogel der Seeleute, tötet.

43,16 **verkehrt herum:** Synonym für homosexuell.

45,16 f. **»Stürmer«:** erfolgreiches nationalsozialistisches Wochenmagazin krass antisemitischen Charakters. Berüchtigt waren vor allem karikaturistische Zeichnungen und undifferenzierte Darstellungen.

4. Kapitel

47,25 **bezugscheinfrei:** Im Zweiten Weltkrieg wurden Lebensmittel und Waren des täglichen Bedarfs schon früh rationiert und waren nur noch auf Bezugschein zu bekommen. »bezugscheinfrei« bedeutet, dass die Ware nicht rationiert und somit ohne Einschränkungen gekauft werden kann.

48,23 **»Dunkle Giebel« …:** Beginn des Eichendorff-Gedichts *In Danzig* (1842).

48,30 **Freimaurer:** internationale Vereinigung mit besonderen Riten, die in so genannten Logen organisiert ist. Sie wurde wie alle anderen nichtstaatlichen Organisationen im Dritten Reich verboten.

49,3 **Stutthof:** Ort an der Danziger Bucht, im Text ist das Konzentrationslager Stutthof gemeint, in dem unter anderem innenpolitische Gegner des Regimes isoliert und ermordet wurden.

49,12 **Sexta:** entspricht der heutigen fünften Schulklasse.

50,2 **Clown Grock:** eigentlich Adrian Wettach (1880–1959), weltbekannter Clown, der, ähnlich wie der ebenfalls erwähnte Chaplin, die Verbindung von Komischem mit Tragischem in der Person des Clowns bzw. Komikers etablierte.

5. Kapitel

57,20 **Tabernakel:** Schrein zur Aufbewahrung des Allerheiligsten, zum Beispiel des Hostiengefäßes.

60,13 **Führerhauptquartier:** militärisches Befehlszentrum im Zweiten Weltkrieg. Eines der Führerhauptquartiere, die so genannte Wolfschanze, befand sich in der Nähe von Danzig.

61,10 **Kanal:** Gemeint ist der Ärmelkanal, an und über dem der Luftkrieg besonders heftig und verlustreich war.

61,16 **Spitfire:** meistgebautes britisches Flugzeug des Zweiten Weltkrieges.

6. Kapitel

68,5 **Tertia:** Unter- und Obertertia entsprechen der heutigen achten und neunten Klasse des Gymnasiums.

73,10 **»Tsushima«:** Roman (1936) von Frank Thieß (1890–

1977). Die Seeschlacht bei Tsushima 1904/05 besiegelte die Niederlage der russischen Flotte im russisch-japanischen Krieg.

73,11 **Dwinger:** Edwin Erich Dwinger (1898–1981), deutscher Verfasser stark nationalistischer Romane, die Kriegserlebnisse glorifizieren.

75,9 **sporadisch:** selten.

77,22 **»Tosca«:** italienische Oper von Giacomo Puccini (1858–1924).

77,23 **Humperdinck:** Engelbert Humperdinck (1854–1921), deutscher Komponist, heute vor allem durch die Oper *Hänsel und Gretel* berühmt.

77,27 **Zarah:** Zarah Leander (1907–81), schwedische Sängerin und Schauspielerin, Star zahlreicher Propaganda- und Durchhaltefilme während des Dritten Reiches.

7. Kapitel

81,6 **Pedell:** Hausmeister an einer Schule.

81,10 **Kaleu:** Abkürzung: Kapitänleutnant.

81,25 **Langemarck:** Ort einer Schlacht im Ersten Weltkrieg. Dem nationalen Mythos nach sollen dort junge Kriegsfreiwillige, das Deutschlandlied singend, im begeisterten Sturm gegen die feindlichen Linien gefallen sein.

84,6 f. **Reserveaalen:** Torpedos in Reserve.

8. Kapitel

97,13 **Albe:** geistliches Gewand, das unter liturgischer Kleidung, zum Beispiel unter dem Vespermantel zu tragen ist.

99,10 **Mandel:** alte Mengeneinheit, entspricht 15 Stück.

101,8f. **im schralen Wind:** im schwachen, ungünstigen Wind.

104,26 **Pour le mérite:** preußischer Orden, gestiftet 1740 von Friedrich dem Zweiten.

9. Kapitel

110,12 **Wehrertüchtigungslager:** In Wehrertüchtigungslagern fand die vormilitärische Ausbildung der Hitlerjugend statt.

111,2 **Störtebecker:** Die Störtebecker-Bande war eine Gruppierung von Jugendlichen, die sich insgeheim dem Zugriff der Hitlerjugend zu entziehen suchten. Bekannter waren die vor allem gegen Kriegsende erstarkenden »Edelweißpiraten« oder auch die im Text erwähnte »Stäuberbande«.

118,29 **Wirtschaftsamt:** zentrale Verteilungsstelle für alle im Krieg rationierten Waren.

123,1 **Feldpostbriefe:** portofreie Briefe an die Front und von der Front zurück, meist einzige Verbindung zu den Angehörigen.

10. Kapitel

126,8 **kafkaesk:** nach dem Schriftsteller Franz Kafka (1883–1924). Gemeint ist mit dem Adjektiv für gewöhnlich ›düster, unheimlich‹ und ›grotesk‹.

127,8 **Reichsarbeitsdienst:** halbjähriger Arbeitsdienst in der Zeit vom 18. bis 25. Lebensjahr. Der RAD diente vor allem seit Kriegsbeginn der vormilitärischen Ausbildung.

127,9 **Notabitur:** Schüler, die sich freiwillig zur Wehrmacht meldeten oder eingezogen wurden, konnten ihr Abitur vorzeitig und in reduziertem Umfang ablegen.

128,13f. **Le Nôtre:** André le Nôtre (1613–1700), Gartenbaumeister des französischen Barock. Er entwickelte maßgeblich den streng geometrisch angelegten »französischen Garten«.

11. Kapitel

136,4 **Todt:** Die Organisation Todt (Fritz Todt, 1891–1942) führte innerhalb des Dritten Reiches zivile und militärische Bauprojekte durch.

136,22 **Krim-Schild:** Auszeichnung für Soldaten, die an den Kämpfen auf der Krim teilgenommen haben.

12. Kapitel

145,1 **Geschiebemergel:** eiszeitliche Ablagerungen von in Gletschern mitgeführtem Material. Besonders in Norddeutschland finden sich viele Moränenlandschaften, die es möglich machen, die Gletscher der Eiszeit zu rekonstruieren.

145,5 **Löns:** Hermann Löns (1866–1914), deutscher Schriftsteller, der Verfasser gefühlvoller ›Heidelyrik‹ zeigt in seinen Werken Ansätze einer germanisch-deutschen Blut-und-Boden-Ideologie.

148,1 **Askese:** Enthaltsamkeit.

153,6 **Gauleitung:** Das nationalsozialistische Deutschland war in so genannte Reichsgaue als Teilgebiete eingeteilt. Oberstes Organ der Partei innerhalb eines Gaus war die Gauleitung.

156,22 **Kierkegaard:** Sören Kierkegaard (1813–55), dänischer Philosoph, in dessen Werk die Phänomene der Angst und der Verzweiflung zentrale Themen sind. Der christliche Glaube ist bei ihm einerseits von Zweifeln bedroht, andererseits Ausweg aus der Verweiflung.

156,23 **Dostojewski:** Fedor Michajlowitsch Dostojewski (1821–81), russ. Dichter. Auch in seinem Werk geht es um religiös-philosophische Fragen der menschlichen Existenz.

158,6 **Kriegshilfsdienst:** In den letzten Kriegsjahren wurden dort im Berufsleben, wo Männer fehlten, Frauen verpflichtet.

13. Kapitel

159,1 f. **»Misereatur …«:** liturgische Bitte um Vergebung.

159,8 f. **»Indulgentiam …«:** weitere Bitte um Vergebung.

159,16 **»Ecce Agnus Dei …«:** »Seht das Lamm Gottes«, Thematisierung Christi in der Liturgie.

164,21 **Inwasjon:** Invasion. Gemeint ist die Landung alliierter Truppen im Juni 1944 in der Normandie.

177,9 **Werkschutz:** nichtpolizeiliche Bewachung von Fabriken und Industrieanlagen.

6. Interpretation

Es hat sich bei der Strukturbeschreibung der Novelle *Katz und Maus* gezeigt, dass Strukturen häufig mehrfach auftreten, je nachdem, welcher Beobachtungspunkt eingenommen wird. Auch bei einer Deutung des gesamten Werkes zeigen sich verschiedene Möglichkeiten, den Text zu verstehen, die mit Konsequenz durchgeführt werden können. Dabei wird deutlich, dass die verschiedenen Deutungen einander nicht widersprechen, sondern sich gegenseitig ergänzen können. Eine Sicht des gesamten Werkes muss also mehrere Aspekte und Fragestellungen im Auge behalten. Die in der Folge vorgestellten Zugänge zu *Katz und Maus* sind weder vollständig, noch beanspruchen sie für sich, die einzig plausiblen Deutungen darzustellen. Sie sollen in erster Linie zu verschiedenen Wegen intensiver Beschäftigung auf tragfähigem Boden einladen.

Mehrere Deutungsmöglichkeiten

Als erstes soll die Eingangsszene untersucht werden, die, ähnlich wie die Exposition eines Dramas, geeignet ist, Wegweisungen und Vorausweisungen für umfassende Deutungen der gesamten Novelle zu liefern.

Die erste Szene

Die Geschichte Joachim Mahlkes ebenso wie die des Erzählers Pilenz, soweit sie Novelle werden, fängt mit dem Beginn der Pubertät an, als sich mit Mahlkes Adamsapfel eine Auffälligkeit an ihm zu entwickeln beginnt, unter der er leidet. Dieser Beginn wird im Novellentext dadurch auffällig gemacht, dass er aus der ansonsten chronologischen Handlungsführung herausgehoben ist. Die Szene, in der die Katze des Platzwarts den Adamsapfel Mahlkes als Maus missversteht, steht ganz zu Beginn der Erzählung, obwohl sie sich doch erst abgespielt hat, »als Mahlke schon schwimmen konnte« (5). Die Szene ist an sich alltäglich. Sie betont ihre Alltäglichkeit sogar, indem sie Alltagsbeobachtungen gestattet, den Gang der Handlung immer wieder zu unterbrechen. So kommt der Erzähler wiederholt auf seine Zahnschmerzen zurück, derentwegen er eigentlich gar nicht hätte anwesend sein müssen. Das Schlagballspiel, an dem die entscheidenden Personen nicht teilnehmen, das Wetter und Seitenbeobachtungen, wie die eines Flugzeugs oder des bei Ostwind arbeitenden Krematoriums, geben immer wieder Anlass zu isolierten, kurzen Betrachtungen, bei denen die Kürze der Sätze auffällt. Die Beiläufigkeit aber, mit der der Vorfall berichtet wird, ist durch und durch fingiert.

Der Vorfall ist also folgender und schon als solcher nicht wirklich klar. Eine junge Katze greift Mahlkes Adamsapfel an, vermutlich, weil sie ihn für eine Maus hält. Es wird aber aus den Ausführungen eines Beobachters und Erzählers, der sich ansonsten an die kleinsten und nebensächlichsten Einzelheiten erinnert, nicht deutlich, ob jemand, vielleicht sogar er selbst, der Katze Mahlkes Adamsapfel gezeigt hat. Diese Frage wird jedoch gleich im Anschluss an die Expositionsszene geklärt: »Ich aber, der ich Deine Maus einer und allen Katzen in den Blick brachte« (6), beginnt Pilenz die Begründung für sein Schreiben. Der sich zunächst unwissend und unschuldig gebende Erzähler weiß also sehr wohl um die wahren Umstände und seinen Anteil an dem Vorkommnis. Die Katze, die als Jägerin unterwegs ist, ist

Jäger und Gejagte

Werkzeug des Jägers Pilenz, der übrigens auch im Schlagballspiel als Tickspieler eingesetzt ist, also als Jäger. Schon hier teilen sich die Mitwirkenden der Novelle in Jäger und Gejagte, wobei der am Schicksal Mahlkes so viel Anteil nehmende Pilenz sich als Jäger entlarvt, dessen Zahnschmerzen bezeichnenderweise aufhören, als sich die Katze zum Sprung duckt. Mahlke ist definitiv Gejagter, wobei sein Adamsapfel, der schon hier Maus genannt wird, den ganzen Mahlke vertritt ebenso wie die Katze Pilenz. Auch Hotten Sonntag, der unbeteiligt sein Schlagholz poliert, ist Jäger. Er steht hier für Winter, Kupka, Bansemer und die anderen Mitschüler, die ebenfalls als Jäger fungieren. Bezeichnenderweise entsteht aber bei einem späteren, gemeinsamen Erinnerungsversuch Unklarheit darüber, *wer* den Zwischenfall mit der Katze inszeniert hat (144). In der Anfangsszene wird zum ersten Mal deutlich, wie der Titel der Novelle vor allem zu verstehen ist. »Katz und Maus« heißt in erster Linie Jäger und Gejagter. Diese Beobachtung hat Folgen für die weitere Lektüre. Mahlkes von seiner Umgebung kaum je verstandene Verhaltensweisen sind die Schutzmaßnahmen eines Gejagten oder zumindest eines, der sich gejagt fühlt. Im weiteren Verlauf wird man ihm kaum mehr ohne wie immer gearteten Schutz seines Adamsapfels begegnen.

Studienrat Mallenbrandt

Im Hintergrund des Geschehens bewegt sich Studienrat Mallenbrandt. Auch von ihm wird hier wenig berichtet, und dies Wenige ist von weit reichender Bedeutung. »Studienrat Mallenbrandt pfiff« (5). Mit diesem knappen Satz wird der Lehrer eingeführt und zugleich charakterisiert. Deutlich wird seine Rolle, die des Verwalters in einem engen und geregelten Bereich, des Weiteren seine Konzentration auf das Schlagballspiel, für das er ja ein Regelwerk verfasst hat, aber auch seine große Entfernung zum eigentlichen Geschehen der Novelle, die er mit seinen Lehrerkollegen teilt. Sein Pfiff »Übergetreten« (5) weist voraus auf seine größte Szene innerhalb der Novelle. Er wird im siebten Kapitel die Untersuchungen des Ritterkreuzdiebstahls führen und dabei wenig Erfolg haben.

Weitere Vorausweisungen

Weiterhin schleichen sich am Rande einige Anspielungen auf späteres Geschehen ein, so zum Beispiel die Einsätze an der Ostfront und das Kriegsende durch das »bei Ostwind« arbeitende Krematorium. Hiermit wird der Bereich des Krieges angedeutet, der später beherrschend wird. Zwar ist die Novelle vor allem um Mahlkes Schicksal herum aufgebaut, es handelt sich aber ebenso um eine Erzählung aus der Zeit des Dritten Reiches. Die Katze übrigens trägt Schwarz mit weißem Lätzchen, das Habit eines katholischen Pfarrers, so dass auch dieser Bereich zumindest schon angedeutet ist. Studienrat Mallenbrandt unterrichtet neben Sport noch Religion, die Marienkapelle ist eine »ehemalige Turnhalle des Sportvereins Neuschottland« (13).

Die Maus Mahlke

Die erste Szene scheint, bei allem Informationsreichtum, einen Sachverhalt falsch einzuschätzen, denn sie sagt: »Joachim Mahlke schrie, trug aber nur unbedeutende Kratzer davon« (6). Dies lässt sich wohl kaum auf den späteren Lebensweg Mahlkes übertragen, der am Ende sehr wahrscheinlich zu Tode gejagt worden ist. Dennoch wird sich die Beschreibung der ersten Seite insofern als zutreffend erweisen, als die ihm körperlich zugefügten Verletzungen tatsächlich nur unbedeutende Kratzer sind.

Mahlkes Biographie

Joachim Mahlke ist seiner Herkunft nach unauffällig. Als Kind einer kleinbürgerlichen Familie, das früh den Vater verloren hat, weist er zunächst keinerlei Besonderheiten auf. Allenfalls begünstigen Kränklichkeit und seine Befreiung vom Sportunterricht, verbunden mit der Unfähigkeit zu schwimmen, sein frühes Einzelgängertum. Das Auffallen und damit das Dasein als Maus beginnt mit der Pubertät, als sich sein Adamsapfel, wie auch sein Geschlechtsteil, überdimensional entwickeln. Im achten Kapitel erfährt man von Pilenz, dass Mahlke zeitweise den Spitznamen »Der Schlucker« (98) getragen hat, eine Anspielung auf seine körperliche Auffälligkeit. Von Verfolgung durch die Klassenkameraden ist aber nirgends die Rede. Der Name »Schlucker« fiel, so betont Pilenz, »wenn er abseits stand« (98). Mehr noch, die Mitschüler behandeln ihn mit anfangs zurückhaltendem, später bewunderndem Respekt. Auch tut ihm Anerkennung sichtlich wohl: »Beifall tat ihm gut und besänftigte seinen Hüpfer am Hals« (29). Die Kusinen des Erzählers siezen ihn sogar spontan. Den Drang, von seiner Auffälligkeit abzulenken, scheint Mahlke aus sich selbst heraus zu entwickeln. Es stellt sich die Frage, inwiefern Mahlke sein Maussein selbst hervorruft.

Mahlke und die Jungfrau Maria

Deutlicher als durch reale Verfolgung zeigt sich Mahlkes Mausartigkeit in seiner eigenen Suche nach Schutz und Geborgenheit. Er ist von Beginn an vaterlos und ohne Geschwister. Mutter und Tante zeigen sich im Umgang mit ihm eher hilf- und verständnislos. Schutz sucht und findet er in der katholischen Kirche, aber auch hier fällt er durch ungewöhnliche Verhaltensweisen auf. So zeigt er schon früh eine Neigung zu ausgeprägter Marienverehrung, die Befremden auslöst: »Die Anbeterei, war das Spaß?« (23), fragt Pilenz. Seine Verehrung ist exklusiv und trägt erotische Züge. »Der Gekreuzigte interessierte ihn nicht besonders« (37), und es gibt für Mahlke »wenn schon Frau, dann nur die katholische Jungfrau Maria« (43). Am Ende erweist sich Maria, zumindest in den Erzählungen Mahlkes, tatsächlich als Schutz und Hilfe in Gefahr. Detailliert berichtet er, wie sie ihm durch Visionen beim Bekämpfen russischer Panzer geholfen hat. Und auch Pilenz anerkennt: »Du warst ja mit Hilfe der Jungfrau kugelsicher« (147).

Mahlke als Adam und Jesus

Mahlke aber ist nicht nur einfach ein Gejagter, ob tatsächlich oder eingebildet, er ist auch Träger eines ganzen Motivbündels religiöser Andeutungen und Verkörperungen. Sein auffälligstes Merkmal, der hervorstechende Adamsapfel, hat seinen Namen von dem Volksglauben her, in ihm zeige sich ein Stück jenes Apfels, von dem Adam im Paradies gegessen habe. Mahlke verhält sich dem biblischen Vorbild gemäß, als er, sobald er ein Bewusstsein seiner Blöße entwickelt, diese zu bedecken versucht. Im Unterschied zu Adam aber ist das Problem mit dem Gewahrwerden der Blöße nicht gelöst. Er muss das geeignete Feigenblatt, das Ritterkreuz, erst erwerben. Deutlicher noch als Adam aber verkörpert Mahlke dessen heilsgeschichtliche Fortsetzung, den neuen Adam Christus. Dies zeigt sich an einer Vielzahl von Situationen, an der Sichtweise der Umgebung wie an scheinbar zufälligen Bemerkungen. Schlüsselstelle ist hier die Beschreibung einer Situation im Klassenzimmer, als ein Mitschüler Mahlke in einer Tafelzeichnung als Erlöser karikiert. Wie sehr sich dieser getroffen sieht, zeigt sich an seiner Reaktion. Ein einziges Mal gerät er außer sich und geht mit dem Schraubenzieher auf den Zeichner los. Recht früh wird deutlich, dass Mahlkes Anlehnung an seine biblischen Vorbilder nicht so sehr eine Kopie als eine Parodie ansteuert. Denn das Kreuz, dem er zustrebt, hat eben keinerlei transzendente Bedeutung, sondern ist das Ritterkreuz, eine rein militärische Dekoration. Und auch die ausgestopfte Schnee-Eule Mahlkes zeigt, »gleich Mahlke, diese leidende und sanft entschlossene, wie von inwendigem Zahnschmerz durchtobte Erlösermiene« (25 f.). Diese Eule, die er von seinem Vater bekommen hat, wiederholt sich später an seiner Uniform im Hoheitsadler. Dieser aber sitzt auf der Mütze »als Taube des heiligen Geistes« (148). Auch, und dies ist das entscheidende Defizit des Christus Mahlke, versagt er bei der Auferstehung, nachdem er sich freiwillig in die Unterwelt des Wracks begeben hat. Daran ändert auch nichts, dass sein Jünger Pilenz noch in der Gegenwart des Erzählens auf seine Wiedererscheinung hofft. Der Protagonist ist in allem ein defizitärer Christus, dem es letztlich nur glücken will, verfolgt zu werden, ohne heilsgeschichtliche Konsequenz. Bei aller Tragik seiner Geschichte haftet der Gestalt auch stets etwas Lächerliches an, so, als wäre der anfängliche Wunsch, »Clown werden und die Leute zum Lachen bringen« (23), in Erfüllung gegangen.

Gründe für die Nähe Mahlke – Christus

Es stellt sich die Frage nach dem Sinn dieser recht aufwendigen Parallelisierung zwischen Mahlke und Adam/Christus, die zudem bewusst Unterschiede zwischen Vorbild und Abbild etabliert. Gerhard Kaiser hat in seiner wegweisenden Studie[1] zur Kennzeichnung Mahlkes den Unterschied zwischen der Erkenntnis Adams und seinem Verkennen durch eine Gruppe herausgestellt.

Mahlke wird sich, wie Adam, seiner selbst bewusst. Dieses Bewusstsein seiner selbst ist schon in der Bibel mit Scham verbunden und dem Wunsch, sich zu verbergen. Als Mahlke sich im Laufe der Pubertät seiner Auffälligkeit bewusst wird, bemüht er sich, diese zu verschleiern. Seine Existenz als Christus hingegen ist Produkt seiner Umgebung. Die Gruppe seiner Mitschüler entlockt ihm durch die ständige Aufmerksamkeit außergewöhnliche Leistungen auf vielen Gebieten. Sie wird auch, ebenso wie am Ende die gesamte Gesellschaft, zum Verfolger eines Mahlke, der zwar aus eigenem Willen in die Unterwelt der Funkerkabine hinabsteigt, aber eben nicht die Fähigkeit hat, nach drei Tagen wieder aufzusteigen. In der Funktion der Gesellschaft liegt denn auch der Sinn der Christusexistenz Mahlkes. Sie verfolgt einen Menschen, der nur aufgrund ihres Verkennens zum halben Christus wird. Dieses Verkennen ist einerseits das der Mitschüler, die sich nach dem Krieg nicht mehr an das Gesicht, nur noch an den Adamsapfel Mahlkes erinnern können. Andererseits ist es das Verkennen durch die ganze Gesellschaft, wodurch auch das nationalsozialistische System ermöglicht und getragen wird. Dort wird ein Erlöser projiziert, wie hier ein Schmerzensmann.

In seiner Schwäche oder seinem Gefühl, Maus zu sein, ist Mahlke gewiss nicht allein. Besonders und aus dem Rahmen fallend ist seine Weise, diese Schwäche und den Eindruck von Bedrohtheit zu kompensieren. Dabei lassen sich im Wesentlichen drei Strategien unterscheiden. Erstens versucht er ganz konkret den übergroßen Adamsapfel physisch zu verbergen oder von ihm abzulenken. Zweitens bemüht er sich, durch eine besondere Position in der Gruppe unangreifbar zu werden, gestützt vor allem auf Anerkennung und Bewunderung. Schließlich hilft auch seine schwärmerische

Marienverehrung, der als bedrohlich erlebten Umwelt zu entkommen und sich in ihr zu behaupten. Alle drei Strategien fließen materiell zusammen im Leitmotiv des Ritterkreuzes, das sich damit wieder als Zentralsymbol der Novelle erweist.

Die Katze Pilenz

Der Erzähler Pilenz ist eine zwiespältige Gestalt. Er entzieht sich absichtsvoll der Beobachtung des Lesers, ist in sich gebrochen und weit weniger schlüssig in seiner Ausrichtung als etwa Mahlke. Das macht ihn zu einer mindestens ebenso interessanten Figur wie den offensichtlichen Protagonisten. Pilenz hat sich bereits zu Beginn der Novelle als Katze entlarvt. Seine Jägertätigkeit ist damit keineswegs beendet. Auf ihren Höhepunkt kommt sie, als Mahlke nach seiner Desertion ernsthaft unter Verfolgungsdruck gerät. In dieser Situation entwickelt sich Pilenz zum Judas für den Christus Mahlke. Festgeschrieben ist diese Rolle des Pilenz zum Beispiel in seiner Aufforderung an Mahlke kurz vor der Flucht: »Laß uns noch einmal zu dritt und immer wieder das Sakrament feiern« (108 f.), der so sein Opfer selbst zum letzten Abendmahl lädt. In der gesamten Episode handelt Pilenz mit erschreckender Konsequenz. Zunächst lehnt er das Hilfsangebot Gusewskis, der einzigen denkbaren Unterstützung, ab: »Lassen Sie nur, Hochwürden. Werde mich schon um ihn kümmern« (160). Noch deutlicher wird er, als Gusewski auf die sehr zutreffende Vermutung kommt, Mahlke könnte sich umbringen. »Da halten Sie sich am besten ganz raus, Hochwürden« (161).

Pilenz jagt Mahlke

antwortet Pilenz in für einen Ministranten seinem Pfarrer gegenüber ungewöhnlicher Grobheit. Als Nächstes lehnt Pilenz Mahlkes Bitte ab, in seinem Keller untertauchen zu dürfen. Stattdessen bringt er das alte Minensuchboot ins Spiel, wohl wissend, dass es als längerfristiges Versteck nicht taugt. Zwar bringt Pilenz selbst das Gespräch auf nötigen Proviant für die Zeit auf dem Schiff, sein Gang zu Mahlkes Tante aber gibt ihm Gelegenheit für einen weiteren Schlag gegen den Freund. Bei seiner Rückkehr nämlich erfindet er die Geschichte von schon begonnenen Nachforschungen nach dem Desertierten, sogar die Verhaftung der Mutter erfindet er, so dass Mahlke die Rückkehr gänzlich unmöglich erscheinen muss. Selbst sein Denken ist verlogen, als die beiden zum Wrack hinüberrudern: »Keine Katze auf See, aber die Maus flüchtig« (169). Dies ist insofern falsch, als die Katze die Maus selbst ans Ziel rudert. Und am Ende kommt es zu einer Handlung, die nicht mehr anders als feindlich verstanden werden kann. Unmittelbar, nachdem Pilenz den Freund noch daran erinnert hat, bloß nicht den Büchsenöffner zu vergessen, taucht Mahlke. Kaum ist er verschwunden, heißt es: »Da nahm ich den Fuß vom Büchsenöffner« (175). Zu der Zwiespältigkeit im Verhalten Pilenz' gehört, dass er sich nun daran macht, den Untergetauchten durch Klopfzeichen und Rufe zurückzuholen und an den Öffner zu erinnern. Dann aber, beim Zurückrudern, wirft er ihn ins Meer. Das letzte Glied in der Kette dieser zerstörerischen Maßnahmen ist in Verbindung mit den anderen von fast tödlicher Endgültigkeit. Mahlke hat den Plan, noch am gleichen Abend nach seiner Flucht aufs Wrack an Bord eines schwedischen Frachters zu gehen. Pilenz, der seine Rückkehr zusagt, fährt aber »am Sonnabend vormittag und nicht, wie verabredet, am selben Abend« (177) an den Strand, um sich davon zu überzeugen, dass Mahlkes Schuhe noch immer unverändert an Deck stehen. In diesem Hin und Her gerade gegen Ende der Mahlke-Handlung scheint sich tatsächlich das Verhalten einer Katze zu offenbaren, die mit einer schon gefangenen und todgeweihten Maus spielt. Es steckt aber noch mehr hinter dem Verhalten Pilenz' als ein Katz-und-Maus-Spiel. Pilenz ist nicht nur Katze, ebenso wie nicht nur Pilenz Katze ist. Pilenz, der auf unauffälligere Art ebenso Außenseiter ist wie Mahlke, verehrt mit hoffnungsloser Liebe den, an dem er sich schuldig macht. Nur selten wird diese Liebe offenbar, wie im achten Kapitel, das insgesamt das der Pilenzschen Geständnisse ist: »Wenn Mahlke gesagt hätte ›Mach das und das!‹ ich hätte das und noch mehr gemacht. Mahlke sagte aber nichts, ließ sich wort- und zeichenlos gefallen, wenn ich ihm nachlief, ihn, obgleich das ein Umweg war, in der Osterzeile abholte, damit ich an seiner Seite zur Schule gehen durfte.« Die Gleichgültigkeit Mahlkes ist etwas, worunter Pilenz lange leidet, und sein Wunsch nach Nähe und Vertrautheit ist nahezu unbegrenzt: »Nie hörte ich, was er dachte« (37), beschwert er sich.

Pilenz liebt Mahlke

Deutlich wird aber auch, dass sich Pilenz gegen seine Bindung an Mahlke zu wehren versucht. »Besonders ich war froh, ihn los zu sein, ihm nicht hinterdrein zu müssen« (112), stellt Pilenz fest, als Mahlke nach seinem Schulausschluss nicht mehr zum Minensuchboot kommt. Hier wie an zahlreichen anderen Stellen zeigt sich die Obsessionalität seiner Bindung an Mahlke, der er ausgeliefert ist. Seine Versuche, sich zu befreien, beginnen mit Beteuerungen seiner Eigenständigkeit, ob als Erzähler oder als

Pilenz' Befreiungsversuch von Mahlke

handelnde Person. Sie setzen sich in symbolischen Handlungen fort wie dem Entfernen von Mahlkes Namen auf der Latrine im Wehrertüchtigungslager und gipfeln schließlich in der planvollen Vernichtung des Freundes.

So schwankt Pilenz zwischen Verehrung aus der Ferne und Versuchen, das Objekt seiner Anbetung zu zerstören. Manche seiner Handlungen verweisen sogar auf beide Haltungen: »Ich war es, der dein Abbild als Erlöser mit dem Schwamm von der Tafel wischte« (46), betont Pilenz und beweist so seine Fürsorglichkeit, indem er Mahlke von der Karikatur befreit, aber auch sein Bedürfnis, den Freund auszulöschen. Gegen Ende der Novelle, als Pilenz mit großer Erleichterung, endlich fortzukommen, die Einberufung zum Arbeitsdienst erhält, scheint er seiner Bindung an Mahlke endlich entkommen zu sein. Im Lager auf der Tuchler Heide aber muss er feststellen: »ich aber wurde Mahlke auch beim Arbeitsdienst nicht los« (138). Nicht einmal das Aushacken des Namens aus der Latrinenwand hilft, ebensowenig wie der Verrat am Ende der Geschichte. Und so, wie Pilenz durch den hellen Flecken frischen Holzes an der Wand immer noch an Mahlke erinnert wird, so ist Mahlkes Verschwinden im Minensuchboot der Grund für den Erzähler, sich auch in seinem weiteren Leben nicht von ihm lösen zu können. So ist am Ende der Novelle Pilenz, der notdürftig im Kolping-Haus Schutz sucht, selbst ein Gejagter. Hier zeigt sich, und das ist die letzte Konsequenz der Katze Pilenz, diese selbst als Maus. Pilenz verhält sich dem Christus Mahlke gegenüber wie ein liebender und verratender Judas, der, auch hierin exemplarisch für eine ganze Gesellschaft, nach dem Krieg übrig bleibt und vergeblich versucht, seine Vergangenheit abzuschließen. Dies führt uns zum Erzähler Pilenz.

Die zwei Geschichten

»Setzen Sie sich einfach hin, lieber Pilenz, und schreiben Sie drauflos. Sie verfügen doch, so kafkaesk sich Ihre ersten poetischen Versuche und Kurzgeschichten lasen, über eine eigenwillige Feder: greifen Sie zur Geige oder schreiben Sie sich frei« (126). Mit diesem Ratschlag des Pater Alban an den gehetzten Pilenz beginnt gewissermaßen die Entstehungsgeschichte der Novelle. Die Mahlke-Geschichte, aus der die Handlung des Werkes besteht, wird festgehalten, damit sich der Erzähler Pilenz von ihr befreien kann. Die Befreiung, das hat schon der letzte Abschnitt gezeigt, ist unter anderem eine Befreiung von Schuld. Pilenz' schlechtes Gewissen treibt ihn zum Schreiben und zum Geständnis. Nicht umsonst stammt der Vorschlag, die Geschichte zu erzählen, von einem Pfarrer. Der Erzählakt erhält so den Charakter einer Beichte. So hat man es in *Katz und Maus* mit zwei Geschichten zu tun. Die eine ist die der Novellenhandlung, die andere die des Erzählers und des Erzählens selbst. Diese beiden Geschichten sind inhaltlich wie formal eng mit- und ineinander verwoben. Bisweilen irritiert das Ineinander der beiden Geschichten beim Lesen, vermengen sich doch damit auch zwei Zeitebenen und Erzählperspektiven. Doch finden sich auch immer wieder Hinweise auf die im Moment gerade eingenommene Sichtweise oder die gerade verfolgte Geschichte. Ein solcher Hinweis ist der häufige Wechsel zwischen unpersönlicher Beschreibung und persönlicher Anrede, durch den Pilenz' Umgang mit Mahlke geprägt ist. Er weist darauf hin, auf welcher Ebene der Er-

Gründe für Pilenz' Autortätigkeit

Verschränkung der Rahmen- und Binnenhandlung

zählung die Novelle sich gerade befindet. Ein weiteres Merkmal ist die Verwendung der Erzähltempora. Das Präteritum gehört zu Mahlke wie das Präsens zu Pilenz. Die Konsequenz in dieser Verteilung geht so weit, dass in Fällen, in denen die Zuordnung zu einer Ebene nicht so klar ist oder nicht so klar sein soll, ganz auf verräterische Verbformen verzichtet wird: »Die alte Mär vom unverkäuflichen Flecken, bißchen gruslig moralisch und transzendent« (139). An diesen Stellen wird das Scheitern des Erzählers Pilenz deutlich, der sich ja gerade die alte Geschichte vom Leib schreiben und halten möchte und dem sie gerade dabei besonders untrennbar von seiner Erzählgegenwart zu werden gerät. Die Vermischung der beiden Ebenen, die bisweilen wie eine erzählerische Schwäche anmuten mag, ist also tatsächlich eine, nicht aber die des Autors Grass, sondern die des Erzählers Pilenz. In ihr äußert sich das Unvermögen eines erinnernden Erzählers, die eigene wie die kollektive Vergangenheit zu bewältigen.

Der Außenseiter und die Gesellschaft

Obwohl *Katz und Maus* von zwei Außenseitern spricht, die weitgehend isoliert leben und deren Geschichte in der Tat in einer »unerhörten Begebenheit« gipfelt, enthält die Novelle viel Exemplarisches, gerade im Schicksal der beiden Hauptpersonen. Es wird sehr realistisch die Lebenswirklichkeit Jugendlicher im Dritten Reich geschildert. Auch ist eine Vielzahl von Parallelen einzelner Details zu Grass' Biographie nachgewiesen worden. Dieser hat allerdings vehement bestritten, mit *Katz und Maus* Autobiographisches leis-

Zeitgeschichtliche Bezüge

ten zu wollen. Sehr wohl allerdings war Grass in der gesamten *Danziger Trilogie* eigenen Angaben nach bemüht, »die Wirklichkeit einer ganzen Epoche, mit ihren Widersprüchen und Absurditäten in ihrer kleinbürgerlichen Enge und mit ihrem überdimensionalen Verbrechen, in literarischer Form darzustellen«[2]. Es ist ja auch in der Biographie eines Günter Grass ähnlich viel Exemplarisches wie in der eines Pilenz oder eines Mahlke.

Noch stärker beispielhaft als die Protagonisten sind die Nebengestalten. In den Lehrerfiguren wie in den Figuren aus der Elterngeneration offenbart sich kleinbürgerliches Mitläufertum oder Vereinnahmung durch das nationalsozialistische System in verschiedenen Abstufungen. Dabei entsteht das Exemplarische der Darstellung aus dem in engem Rahmen unterschiedlichen Verhalten angesichts äußerer Zwänge. Doch auch die Protagonisten sind, auf andere Weise, Träger von Beispielhaftem, indem sie in ihrer Geschichte stellvertretend für eine ganze Gesellschaft oder Teile von ihr das Dritte Reich durchleben. Pilenz schwankt zwischen dem Wunsch nach Befreiung und Entfernung von seiner Vergangenheit und dem beharrlichen Zwang, sich eben doch immer wieder zu erinnern. Damit verkörpert er ein Grundproblem des Umgangs mit der eigenen Vergangenheit, persönlich oder kollektiv, im Nachkriegsdeutschland noch der heutigen Zeit. Mahlke ist einerseits als Verfolgter exemplarisch. Die Tatsache, dass er aus der Masse herausragt, gefährdet ihn. Aber auch die Kompensation von erlebter oder auch nur befürchteter Bedrohung durch die Suche nach Anerkennung und militärischer Ehrung kann als beispielhaft verstanden werden.

Beispielhaftes Verhalten der Protagonisten

So wird in den Protagonisten typisches Denken individuell sichtbar. Sie sind in ihrer Konventionalität und in ihrer Außergewöhnlichkeit exemplarisch, in ihrer Gestalt als Jugendliche während des Dritten Reiches wie in ihrer Rolle als Katze und als Maus. So erzählt *Katz und Maus*, auch hierin einer Tradition der Novelle, insbesondere der im 19. Jahrhundert beliebten historischen Novelle folgend, in einer besonderen und kleinen Geschichte die allgemeine und große.

7. Autor und Zeit

Nobelpreis 1999

Nicht erst die Verleihung des Literatur-Nobelpreises im Herbst 1999 hat die deutsche und die internationale Öffentlichkeit auf Günter Grass aufmerksam gemacht. Seit Erscheinen der *Blechtrommel* im Jahre 1959 ist das Gespräch über den Autor nie wirklich abgebrochen. Und die Verleihung des Preises erfolgte auch keineswegs aus heiterem Himmel. Grass hatte erstens schon länger einen Platz auf der Kandidatenliste für den Nobelpreis innegehabt, zum anderen konnte er schon vorher auf eine beträchtliche Zahl an nationalen und internationalen Ehrungen und Preisen zurückblicken.

Frühe Reaktionen der Öffentlichkeit

Im Gegensatz zu dieser Anerkennung steht das sehr dauerhafte ablehnende Verhalten der Kritik. Auch hier lässt sich eine hohe Konstanz beobachten, angefangen mit der fast durchgängig ablehnenden Haltung, die die Rezensenten der *Blechtrommel* gegenüber einnahmen. Nihilismus und Pornographie lauteten die häufigsten Vorwürfe einem Roman gegenüber, der heute als ein Initialwerk eines neuen, grotesken Realismus gilt. Dabei fällt bei den Besprechungen der *Blechtrommel* wie der späteren Werke auf, dass die Richtung der Kritik stabil blieb. Stets wurde vor allem Inhaltliches beklagt, wie eine sich in drastischen Beschreibungen äußernde Pornographie, ein hinter den Darstellungen spürbarer Nihilismus und, vor allem in der späteren Kritik, eine auffällige Neigung zum Moralisieren und Schulmeistern. Auf der anderen Seite wird von Anfang an die sprachliche Kraft und der Reichtum der Erfin-

Günter Grass
Foto: dpa, Rolf Rick

dungen betont. Auffällig neben der klaren Trennung in Ablehnung des Inhaltlichen und Lob des Formalen und Handwerklichen ist also, dass die Kritik über weite Strecken von einem Werk auf das andere übertragen wurde. So erstaunt es nicht, dass in diesem Zusammenhang vom »Versagen der Literaturkritik am Beispiel Günter Grass«[3] gesprochen worden ist. Dabei zeigen die Verkaufszahlen besonders der Romane, dass das Lesepublikum nie aufgehört hat, den Autor Grass wahrzunehmen und zu schätzen, ebenso wie die verschiedensten Gremien, die mit der Vergabe von Preisen und Würdigungen betraut sind. Einer der deutlichsten Belege der Spaltung in der öffentlichen Meinung zu Günter Grass zeigte sich bereits zu Beginn seiner Laufbahn, als ihm für die *Blechtrommel* zwar der Bremer Literaturpreis zuerkannt wurde, der Senat sich aber weigerte, ihm den Preis öffentlich zu überreichen. Die Vorwürfe wegen Pornographie und Nihilismus werden heute nicht mehr erhoben, dafür ist die Ablehnung des vermeintlichen Moralpredigers lauter geworden. Der Verkaufserfolg vor allem der Grass-Romane ist immer noch eine Konstante. Dadurch wird Grass zu einem der nicht eben häufigen Vertreter der Hochliteratur, die schon zu Lebzeiten literarischen – wie auch wirtschaftlichen – Erfolg verbuchen können. Durchgängig umstritten war Grass' politisches Engagement für die SPD seit 1961.

Publikum versus Kritik

Vieles Inhaltliche im Werk des Günter Grass verweist zurück auf seine Herkunft aus Danzig, was die ablehnenden Äußerungen manches Kritikers aus Danzig besonders empört klingen lässt. Besonders die *Danziger Trilogie* und mit ihr *Katz und Maus* sind eng an das Umfeld gebunden, in dem Grass aufgewachsen ist. Aber auch seine Erlebnisse im

Biographisches im Werk

Krieg und dem westlichen Nachkriegsdeutschland, dessen Geburt und Entwicklung er unablässig beobachtet und kommentiert hat, haben Eingang in das literarische Werk gefunden. In manchen Fällen stellt dieses sogar eine direkte Umsetzung des Erlebten dar. Eindrucksvolles Beispiel hierfür ist das Werk *Zunge zeigen* aus dem Jahr 1988, in dem er seine Eindrücke einer Reise nach Kalkutta künstlerisch verarbeitet. So ist es sicher sinnvoll, sich einen kurzen Überblick über die Biographie des Günter Grass zu verschaffen, wenngleich der Autor selbst wiederholt Desinteresse an seinem eigenen Lebenslauf betont hat: »mein bloßes Ich, wenn ich ihm nachgehen sollte, beschreibend, würde mich noch vor der Einschulung langweilen.«[4] Dennoch bleibt seine Biographie auch für spätere Werke umfangreiche Materialsammlung. In der *Danziger Trilogie* ist zum Beispiel viel von dem verarbeitet, was Grass selbst als exemplarisch für die damalige Zeit ansah.

Biographischer Abriss

Günter Grass wurde am 16. 10. 1927 in Danzig-Langfuhr als Sohn eines protestantischen Kolonialwarenhändlers und dessen katholischer Frau geboren. Die Schule besuchte er bis zur neunten Klasse, als er zum Dienst zunächst als Flakhelfer, dann, nach einer Zeit beim Reichsarbeitsdienst, zur Wehrmacht eingezogen wurde. Dies ist eine für einen Jungen seines Jahrgangs nicht ungewöhnliche Laufbahn, ebenso seine Mitgliedschaft beim Jungvolk, später bei der Hitlerjugend. Das Kriegsende findet ihn leicht verwundet in einem Lazarett in Marienbad im heutigen Tschechien. Wichtig ist, dass Grass, wie er selbst bestätigt, bis dahin kein eigentlicher Regimegegner gewesen ist. Erst die Nürnberger Prozesse mit ihren Enthüllungen über die Kriegsverbrechen und den Holocaust hätten ihn aufgerüttelt.

Nach Kriegsende und amerikanischer Kriegsgefangenschaft war Danzig für den jungen Grass unerreichbar geworden. Es folgte einige Zeit der Arbeit bei Bauern und im Kalibergbau bis zum Entschluss im Winter 1946/47, Bildhauer zu werden. Er machte eine Steinmetzlehre in einem Grabsteingeschäft und arbeitete nebenher an Zeichnungen. 1948 bis 1952 studierte er an der Düsseldorfer Kunstakademie. Direkt nach dem Krieg überwog bei dem Künstler Grass also noch keineswegs das Literarische. Der Schwerpunkt lag bei der bildenden Kunst, die er auch später immer wieder mit der Literatur verbunden hat, zuletzt 1999 in *Mein Jahrhundert.* Erst 1952 begann er intensiver zu schreiben, zumeist Lyrik, und veröffentlichte 1955 mit *Lilien aus Schlaf* sein erstes Gedicht, mit dem er den dritten Preis eines Lyrik-Wettbewerbs gewann. Dieser Preis ist deshalb von Bedeutung, weil dadurch Hans Werner Richter, Mitbegründer der Gruppe 47, auf Grass aufmerksam wurde. 1956 folgte bei Luchterhand mit dem Gedichtband *Die Vorzüge der Windhühner* die erste Buchveröffentlichung. Die mittleren fünfziger Jahre waren aber nicht nur eine Zeit der Lyrik und der Zeichnungen, es entstanden auch Theaterstücke und Ballette; Prosa, erste Essays. Diese frühen Arbeiten, die den Bereich, mit dem Grass wenig später berühmt wurde, auffällig aussparen, erlebte Grass ungeachtet der öffentlichen Erfolge als nicht wirklich befriedigend. So ist sein Entschluss, 1956 gemeinsam mit seiner Frau Anna, einer Balletttänzerin, nach Paris zu gehen, um »ein dickes Buch«[5] zu schreiben, als ein erneuter Bruch und Neuanfang zu werten. Auch das Erscheinen des Romans *Die Blechtrommel*, eben des dicken Buches, muss als Wendepunkt angesehen werden. Zum einen war der Autor Günter Grass schlagartig berühmt, zum

Werkgeschichte

anderen in der deutschen Literatur ein neuer Meilenstein gesetzt. Heute ist, auch ohne den Literatur-Nobelpreis, die *Blechtrommel* als eines der bedeutendsten Werke der deutschen Nachkriegsliteratur anerkannt.

Der *Blechtrommel* folgte, im Jahr 1961, die Novelle *Katz und Maus*, die inhaltlich und motivisch auf vielfältige Weise mit dem ersten Roman verbunden ist, ebenso mit dem nachfolgenden Roman *Hundejahre*. Die sich aus diesen drei Werken zusammensetzende *Danziger Trilogie* kann heute noch als ein Mittelpunkt des Grass'schen Werkes gelten. Schon während der Arbeit an der Trilogie beginnt die Zeit des politischen Engagements für die SPD. Weitere Romane sind *örtlich betäubt* (1969) und *Der Butt* (1977). Während *örtlich betäubt* ein Roman des Hier und Jetzt ist, der im Berlin der Schreibgegenwart handelt und Probleme des Tages aufgreift, holt *der Butt* weit aus, um im Rückgriff auf Prähistorie und Volksmärchen eine persönliche Menschheitsgeschichte zu gestalten, die bis in die Zukunft reicht. Aus einem intensiven Endzeitgefühl heraus entstand der Roman *Die Rättin*, in dem Ängste und Gefahren der achtziger Jahre verarbeitet sind, ähnlich wie im Falle des *Butt* unter weitgehender Verwendung von Märchenmotiven und -strukturen.

Mit der Erzählung *Unkenrufe* und dem Roman *Ein weites Feld* zeigt sich Grass als kritischer Beobachter der Wiedervereinigung, diesmal mit sehr realistischem Habitus, und noch in seinem bislang letzten Werk, *Mein Jahrhundert*, ist ihm das Historische unverändert wichtig.

Werktabelle

Epik

Die Blechtrommel. Roman. Neuwied/Berlin 1959.
Katz und Maus. Eine Novelle. Neuwied/Berlin 1961.
Hundejahre. Roman. Neuwied/Berlin 1963.
örtlich betäubt. Roman. Neuwied/Berlin 1969.
Aus dem Tagebuch einer Schnecke. Roman. Neuwied/Darmstadt 1972.
Der Butt. Roman. Neuwied/Darmstadt 1977.
Das Treffen in Telgte. Erzählung. Darmstadt/Neuwied 1979.
Kopfgeburten oder Die Deutschen sterben aus. Darmstadt/Neuwied 1980.
Die Rättin. Roman. Darmstadt/Neuwied 1986.
Unkenrufe. Erzählung. Göttingen 1992.
Ein weites Feld. Roman. Göttingen 1995.
Mein Jahrhundert. Göttingen 1999.

Lyrik

»Lilien aus Schlaf«. Gedicht. In: *Akzente. Zeitschrift für Dichtung.* Nr. 3. 1955 (erste Veröffentlichung überhaupt).
Die Vorzüge der Windhühner. Gedichte und Graphiken. Berlin 1956.
o Susanna. Ein Jazzbilderbuch. Deutsche Texte: Günter Grass. Köln/Berlin 1959.
Gleisdreieck. Gedichte mit Zeichnungen des Verfassers. Berlin 1960.
Ausgefragt. Gedichte und Zeichnungen. Neuwied/Berlin 1967.

Gesammelte Gedichte. Darmstadt 1971.
Mariazuehren. Gedicht. Mit Photographien von Maria Rama. München 1973.
Liebe geprüft. Gedichte. Bremen 1974.
»Ach Butt, dein Märchen geht böse aus«. Gedichte und Radierungen. Darmstadt/Neuwied 1983.
Novemberland. Gedichte. Göttingen 1993.

Theater und Ballett

Hochwasser. Stück in zwei Akten. UA 1957.
Stoffreste. Ballett in einem Akt. UA 1957.
Onkel, Onkel. Stück. UA Köln 1958.
Beritten hin und zurück. Ein Vorspiel auf dem Theater. UA Frankfurt a. M. 1959.
Noch zehn Minuten bis Buffalo. Stück in einem Akt. UA Bochum 1959.
Fünf Köche. UA Aix-les Bains und Bonn 1959.
Die bösen Köche. UA Berlin 1961.
Goldmäulchen. Einakter. UA München 1964.
Die Plebejer proben den Aufstand. Ein deutsches Trauerspiel. UA Berlin 1966.
Davor. Ein Stück. UA Berlin 1969.
Die Vogelscheuchen. Ballett. UA Berlin 1970.

Einordnung des Werkes in das Gesamtwerk des Autors und in die Literaturgeschichte

Multiples künstlerisches Schaffen

Günter Grass ist der Öffentlichkeit auch heute noch vor allem als Romanautor bekannt. Dabei ist, wie aus der Biographie hervorgeht, sein Schaffen deutlich vielfältiger. Die eigentliche künstlerische Ausbildung betraf ja eher den Bereich der bildenden Kunst. Dabei handelt es sich nicht um einen ersten, dann zugunsten der Schriftstellerei aufgegebenen Versuch, sich auszudrücken. Noch sein bislang letztes Werk, *Mein Jahrhundert*, stellt eine Verbindung von Bild- und Textkunst dar, und schon *Die Vorzüge der Windhühner*, der erste Gedichtband und damit die erste Buchveröffentlichung überhaupt, vereint Texte und Zeichnungen. Innerhalb des Schriftstellerischen ist eine Beschäftigung mit allen Hauptgattungen der Schönen Literatur zu verzeichnen. Während aber die Arbeit an der Dramatik schon früh eingestellt wird, sind Lyrik und Prosa noch im vergangenen Jahrzehnt vertreten. Im Bereich der als letztes begonnenen Prosa steht die *Danziger Trilogie* ganz am Anfang. Diese drei Erzählwerke gehören eng zusammen. Neben den gleichen Schauplätzen belegen häufige motivische Querverweise die Verwandtschaft, ähnlich wie das Auftauchen von Personen aus einem Werk in den anderen. So ist in *Katz und Maus* mehrfach am Rande von einem dreijährigen Jungen die Rede, der mit einer Trommel herumzieht, freilich ohne in die Novellenhandlung einzutreten und ohne mehr als beiläufig bemerkt zu werden. Es handelt sich offensichtlich um Oskar Matzerath, den Helden und Erzähler der *Blechtrommel*, der

Verankerung von Katz und Maus *im Gesamtwerk*

hier die Verbindung zwischen Roman und Novelle markiert. Allerdings war *Katz und Maus* nicht ursprünglich als eigenständiges Werk, sondern als Teil des späteren Romans *Hundejahre* geplant. So ist auch die motivische und inhaltliche Nähe zwischen den beiden letzten Werken deutlich größer als die beider zur *Blechtrommel.* Die Erzähler und Protagonisten Heini Pilenz und Harry Liebenau – der Cousin Tullas – ähneln sich auf auffällige Weise, Inhalte von *Katz und Maus* finden sich in den *Hundejahren* ausgeweitet wieder, so dass es tatsächlich nicht schwer fällt, sich die Novelle als Teil des Romans vorzustellen. Alle drei Werke stehen unter einem starken Druck des Erinnerns und Aufarbeitens. Wieder ins Leben gerufen wird die nach dem Krieg unerreichbar gewordene Welt des alten Danzig. Aufgearbeitet werden auf von der Öffentlichkeit vielfach schmerzhaft empfundene Weise das Dritte Reich allgemein und das Verhalten einzelner Menschen in typischen Situationen dieser Zeit. Dabei beschränkt sich keines der drei Werke auf reine Erfüllung von Forderungen nach »littérature engagée«. Auch formal betritt die *Danziger Trilogie* Neuland. (Siehe hierzu auch den Abschnitt »Werkaufbau«.)

Besondere Stellung von Katz und Maus *innerhalb des Werkes*

In der allgemeinen Würdigung steht *Katz und Maus* heute sehr im Schatten der *Blechtrommel.* Dem Werk eigentümlich ist indes seine Novellenhaftigkeit, die ihm einen besonderen Platz in der Geschichte dieser Gattung sichert. Zum einen ist es schon eine Besonderheit, in der Nachkriegszeit überhaupt eine Novelle zu verfassen und so zu nennen. Diese besondere literarische Form hatte ihre produktivste Zeit im 19. Jahrhundert und war, aus in der Forschung unterschiedlich benannten Gründen, nach dem Zweiten Weltkrieg auf dem Rückzug. Umso erstaunlicher ist es, dass *Katz und Maus* zunächst als Novelle gerade nicht oder kaum zur Kenntnis genommen wurde. Man vermisste die in der Novelle übliche geschlossene Form ebenso wie die Objektivität des Erzählers. Es ist aber die Übereinstimmung in vielen Punkten mit der Gattungsbestimmung Novelle so groß, dass die Grass-Novelle mit ihren Abweichungen von der strengen Form eher als eine weiterentwickelte denn eine misslungene Novelle gelten muss. Hugo Aust spricht im Zusammenhang mit *Katz und Maus* sogar von einem gattungsgeschichtlichen Wendepunkt,[6] mit dem die Gattung weitergeführt werde. So zeigt sich die einzige Novelle des Günter Grass als, obwohl in eine Trilogie eingebundenes, singuläres Werk, das zu Recht in der modernen Literaturgeschichtsschreibung eine besondere Stellung einnimmt. Dabei liegt die Besonderheit vor allem im Formalen. Es kennzeichnet überhaupt das Werk des Günter Grass, dass besonders formal immer wieder neue Wege beschritten werden.

Katz und Maus *als Innovation der Gattung Novelle*

Adoleszenzliteratur

Im Zentrum des Interesses von *Katz und Maus* steht mit der Pubertät eine menschliche Entwicklungsstufe, die besonders seit dem beginnenden 20. Jahrhundert in der Literatur stärkere Aufmerksamkeit erlangt hat. Allerdings richtet sich in den großen erzählenden Werken der Adoleszenzliteratur, wie Musils *Verwirrung des Zöglings Törless* oder Rilkes *Aufzeichnungen des Malte Laurids Brigge* das Augenmerk auf die Orientierungslosigkeit eines Heranwachsenden in einer unverständlichen Welt, verbunden mit Schwierigkeiten, sich selbst zu verstehen. In *Katz und Maus* dagegen ist es, wie schon und noch deutlicher in der *Blechtrommel*, die Welt selbst, die verwirrt und orientierungslos ist. Die Richtungs- und Orientierungslosigkeit der Welt ist in der Nachkriegsliteratur gewiss kein ungewöhnliches Thema. Grass aber gibt der Adoleszenzliteratur, ähnlich wie der Gattung der Novelle, einen neuen Aspekt bzw. eine neue Richtung, indem er sie umdeutet. War die Adoleszenzliteratur noch der Vorkriegszeit vor allem an den Veränderungen im Inneren des heranwachsenden Menschen interessiert, der sich einer unveränderlichen Welt gegenübersieht, so kann der Jugendliche in *Katz und Maus* mit all seinen Unsicherheiten nicht einmal mehr auf die Beständigkeit der Welt vertrauen.

Verwirrte Jugend versus verwirrte Welt

Katz und Maus zeigt sich als ein Werk, das im Spannungsfeld mehrerer literarischer Traditionen steht. Diese werden aber nicht geradlinig fortgeführt, sondern umgeformt und weiterentwickelt. Damit markiert die Novelle einen wichtigen Abschnitt in der Entwicklung der Nachkriegsliteratur, behauptet sich aber andererseits, unabhängig von Traditionen, als sehr eigenständiges Werk.

8. Rezeption

Katz und Maus erschien als Folgewerk zur *Blechtrommel*, dem bis dahin am stärksten beachteten und am kontroversesten diskutierten Werk des noch keineswegs arrivierten Autors Grass. So war die Rezeptionssituation der Novelle von Anfang an eine besondere. Der große Erfolg der *Blechtrommel* bei der Leserschaft einerseits, das sehr zwiespältige Medienecho andererseits, hatten einen hohen Erwartungsdruck auf das nächste Werk des plötzlich berühmt Gewordenen entstehen lassen. Inhaltlich fanden sich Gründe zur Ablehnung, die denen zur *Blechtrommel* sehr ähnelten. Unmoral wurde der Novelle vorgeworfen, aber auch Verunglimpfung Danzigs und seiner Bewohner, des Katholizismus und des Militärs. 1962 wurde gar der Antrag gestellt, das Buch in das Verzeichnis jugendgefährdender Schriften aufzunehmen. Dabei lassen sich zwei Kristallisationspunkte der Ablehnung ausmachen. Zum einen war besonders die Onanie-Szene im dritten Kapitel Anlass für heftige Angriffe. Zum anderen nahmen ehemalige Angehörige der Wehrmacht und Verteter der neuen Bundeswehr Anstoß an der Behandlung des Ritterkreuzes. Inhalt und Form der Auseinandersetzung, die gut dokumentiert sind, erweisen sich noch heute als sehr aufschlussreich für das kulturelle Leben der Epoche. Auffällig ist, dass die gleichzeitige internationale Kritik in deutlich stärkerem Maß, wie schon im Fall der *Blechtrommel*, die Qualitäten des Buches hervorgehoben hat. Fast lässt sich in der Heftigkeit der Angriffe ein geographischer Maßstab anlegen, nach dem mit der Entfernung zum Schauplatz Danzig und der Erlebniswirklichkeit des

Hauptangriffspunkte

Dritten Reiches die Bereitschaft zugenommen hätte, das Werk unvoreingenommen vor allem auf formale und erzählerische Originalität hin zu lesen. Heute, mit der auch zeitlichen Entfernung, finden sich kaum mehr negative Äußerungen zu *Katz und Maus*.

Die heutige Rezeption

Die wissenschaftliche Rezeption hat sich der Novelle auf für Werke von Günter Grass typische Weise angenommen. Am Anfang überwogen Würdigungen aus dem Ausland. Die deutsche Literaturwissenschaft, die heute die Mehrzahl der Untersuchungen zu *Katz und Maus* stellt, scheint erst etwas verzögert die Novelle bemerkt zu haben. Dann jedoch hat die Aufmerksamkeit rasch zugenommen. Heute steht eine beachtliche Zahl von Untersuchungen zu verschiedenen Aspekten zur Verfügung, wobei, was die Menge der Arbeiten angeht, *Katz und Maus* immer noch sehr im Schatten der berühmteren *Blechtrommel* steht. Eine Besonderheit der Grass-Forschung ist es, dass eine beachtliche Beschäftigung mit der Grass-Rezeption schon zu Lebzeiten stattfindet. Diese Forschungsrichtung ergibt sich aus der Auffälligkeit, dass Grass ein in Deutschland ebenso viel gelobter wie viel gescholtener Autor ist.

Die wissenschaftliche Rezeption

Ein gängiger Ansatz in der Wissenschaft ist es, in der Beschäftigung mit *Katz und Maus* vor allem den Aspekt der Bewältigung und Verarbeitung des Dritten Reiches zu betonen. Dabei wird dann in der Regel der realistische Anteil im Werk betont, der Autor wird als der Mahner und Chronist Grass sichtbar. Früh begann auch die Beschäftigung mit Erzählhaltung und Erzählstil. Hier setzte sich eine Ausrichtung des wissenschaftlichen Interesses fort,

Katz und Maus *als zeitgeschichtliche Novelle*

die sich bereits in der Beschäftigung mit der *Blechtrommel* etabliert hatte. Eine Arbeit ist aus der großen Zahl an Untersuchungen herauszuheben, es ist dies die frühe Arbeit von Gerhard Kaiser aus dem Jahr 1971,[7] die die weitere Forschung stark durch mehrfache neue Ansätze geprägt hat. Zum einen findet sich bei Kaiser eine in sich tragende Klärung der Adam- und Christus-Verweise in Beschreibungen und Verhaltensweisen Mahlkes in Verbindung mit Charakteristiken verschiedener Gruppen im Werk. Sein eigentliches Augenmerk gilt aber dem Erzähler Pilenz als vorläufigem Endpunkt einer Entwicklung des Erzählerbewusstseins in der Novelle seit der deutschen Klassik. Die Beschäftigung mit dem Erzähler Pilenz hatte zwar in der Forschung schon früh eingesetzt, bezogen jedoch vor allem auf die Handlungsebene der Novelle. Früh finden sich auch Überlegungen zur Behandlung von *Katz und Maus* in der Schule.

Die religiöse Ebene

Eine künstlerische Fortsetzung hat *Katz und Maus* in der Verfilmung von Hansjürgen Pohland gefunden. Der mit viel Detailsorgfalt gearbeitete Film wurde 1967 in Berlin uraufgeführt. Der Film, obwohl in der Darstellung dessen, was in der Buchfassung erzählt wird, sehr diskret, erregte fast noch heftigeres Aufsehen als das Buch. Wieder waren es vor allem Vorwürfe der Unsittlichkeit und der Verunglimpfung von Auszeichnungen, die an den Film herangetragen wurden. Zusätzlicher Grund zur Ablehnung schien zu sein, dass die Söhne Willy Brandts als Schauspieler mitwirkten. Dadurch geriet die interessante Darstellung des Pilenz durch Wolfgang Neuß in den Hintergrund. Der Film wurde 1974 noch einmal im Fernsehen ausgestrahlt, ist aber heute, im Gegensatz zur Novelle selbst, kaum noch bekannt.

Die Verfilmung

9. Checkliste

Die sich anschließenden Fragen können zum Überprüfen der Werklektüre verwendet werden. Einige Fragen eignen sich aber auch als Ausgangspunkt für eigene vertiefte Untersuchungen.

1. Was bedeutet der Titel *Katz und Maus* für das Verständnis der Novelle? Suchen Sie nach außertextlichen Verwendungen dieses Ausdrucks.
2. Was verrät die Eingangsszene (5) über den weiteren Verlauf der Handlung?
3. Was verrät die Eingangsszene über die Rolle des Erzählers Pilenz in der Handlung und im Erzählrahmen?
4. Finden sich in der Eingangsszene bereits Hinweise auf das spätere Verhalten anderer Personen als Mahlke und Pilenz?
5. Was lässt sich bereits nach der Lektüre der Eingangsszene über Erzählperspektiven in *Katz und Maus* sagen? Woran lassen sich Perspektivenwechsel festmachen?
6. Welche Schauplätze in Danzig sind für die Geschichte Mahlkes von Belang? Wie werden sie eingeführt und beschrieben?
7. Inwiefern sind die Angehörigen Mahlkes, anwesend oder abwesend, von Bedeutung für seine weitere Entwicklung? Wo gibt es positive oder negative Vorbilder?
8. Was sind die wesentlichen Stationen in Mahlkes Biographie?
9. Welche Beziehung besteht zwischen Mahlkes höchstem Ort, seiner Mansarde, und seinem tiefsten Ort, der Funkerkabine des Minensuchbootes?

10. Welche Gegenstände erweisen sich als geeignet, um von dem Adamsapfel abzulenken? Warum gerade diese Gegenstände?
11. Was können Sie über das Aussehen Mahlkes sagen? Welche Probleme ergeben sich bei seiner Beschreibung? Berücksichtigen Sie 37 und 44–46.
12. Inwiefern ist Joachim Mahlke ein typischer Vertreter seiner Generation, was macht ihn dennoch zur Ausnahme?
13. Wie entwickelt sich Mahlkes Position in der Gesellschaft seiner Mitschüler im Laufe der Novelle? Wovon hängen Ansehensgewinn und -verlust ab?
14. Wo in der Novelle wird Mundart gesprochen, und warum gerade da?
15. Welche Zeitspanne umfasst die Handlung der Novelle? Um welche Zeit wird sie durch die Handlung des Erzählrahmens erweitert?
16. Welche Rolle spielen die historischen Großereignisse für die Novellenhandlung?
17. Welche Beziehung hat Mahlke zur Religion? Wie ist seine Beziehung zur Jungfrau Maria zu verstehen? Was wird über seine allgemeine Gläubigkeit ausgesagt?
18. Wo und in welcher Weise wird im Verlauf der Novelle die Jungfrau Maria thematisiert? Wo wird auf sie angespielt? Warum gerade an diesen Stellen?
19. Wo und wodurch wird Mahlke in die Nähe einer Christus-Imitation oder gar einer Christus-Parodie gerückt?
20. Was rückt den Erzähler Pilenz in eine Judas-Nachfolge?
21. Wo verhalten sich die übrigen Jungen der Gruppe wie Mahlkes Jünger?

22. Was macht die besondere Position der Tulla Pokriefke in ihrem Umfeld und in ihrem Verhältnis zu Mahlke aus?
23. Welche Rolle spielt Sexualität für Mahlke?
24. Was lässt sich über Oberstudienrat Klohse aussagen? Welche Bedeutung besitzt er für die Mahlke-Handlung, welchen Typus eines deutschen Bürgers im Dritten Reich stellt er dar?
25. Inwiefern sind Oberstudienrat Klohse und Tulla Pokriefke Antagonisten?
26. Welche Bedeutung hat Studienrat Mallenbrandt für das Funktionieren des gesellschaftlichen Systems Conradinum und für das Schicksal Mahlkes?
27. Inwiefern ist das Ritterkreuz ein Leitmotiv der Novelle?
28. Welche dramaturgische Funktion haben die Vorträge der Ritterkreuzträger im Conradinum?
29. Welche Bereiche von Mahlkes Leben finden sich im Ritterkreuz motivisch aufgenommen?
30. Was unterscheidet Studienrat Mallenbrandt von seinem Direktor Klohse? Wo steht Mallenbrandt innerhalb des nationalsozialistischen Systems?
31. Was für eine Funktion hat Studienrat Brunies im Kontext der in der Novelle dargestellten Gesellschaft? In welcher Beziehung steht er zu Mahlke?
32. Welche Rolle spielen Geistliche in *Katz und Maus*? Was bedeuten sie für Mahlke, was für den Erzähler Pilenz?
33. Was genau ist ein Adamsapfel? Welche Vorstellungen verbinden sich mit seinem Namen?
34. Wo in der Novelle lassen sich Wendepunkte in der Handlung ausmachen?

35. Was ist im Kontext der Gattung Novelle ein Leitmotiv?
36. Storm nennt die Novelle »Schwester des Dramas«. Was meint er damit? Lässt sich auch für *Katz und Maus* eine Dramenstruktur nachweisen?
37. Welche Rolle spielt in *Katz und Maus* der Handlungsrahmen?
38. Inwiefern verstößt *Katz und Maus* gegen die strenge Gattungsbestimmung der Novelle?
39. Inwiefern ist Pilenz Katze, inwiefern ist er Maus?
40. Welche Bedeutung hat Schriftlichkeit und das Schreiben für den Erzähler Pilenz?
41. In welchem Werkzusammenhang steht *Katz und Maus*?
42. Welche Rolle für die Novelle *Katz und Maus* spielt die Biographie des Günter Grass?
43. Auf welchen künstlerischen Feldern betätigt sich Grass noch in letzter Zeit? Welche künstlerische Ausbildung hat er?
44. Was wurde der Novelle *Katz und Maus* bei ihrem Erscheinen vorgeworfen? Siehe hierzu vor allem, aber nicht nur, Kapitel 8.
45. Was lässt sich auf die Vorwürfe, es werde mit der Novelle gezielt eine hohe militärische Auszeichnung und deren Träger verunglimpft, antworten?
46. Was wurde an *Katz und Maus* besonders gelobt?
47. Was macht *Katz und Maus* zu einem formal innovativen Werk?

10. Lektüretipps/Filmempfehlungen

Die wissenschaftliche Aufarbeitung des Grass'schen Werkes ist inzwischen uferlos geworden. In der Folge sollen einige wenige Veröffentlichungen genannt werden, die einen ersten Zugang zur Biographie des Autors, dem Gesamtwerk wie der Novelle *Katz und Maus* ermöglichen.

Ausgaben

Katz und Maus. Eine Novelle, Berlin/Neuwied: Luchterhand 1961.

Katz und Maus. Eine Novelle. Reinbek bei Hamburg: Rowohlt, 1963.

Katz und Maus. Eine Novelle. München: Deutscher Taschenbuch Verlag, [9]1999.

Film

Katz und Maus. Regie: Hansjürgen Pohland, Kamera: Wolf Wirth, Darsteller: Pilenz: Wolfgang Neuß, Mahlke: Lars und Peter Brandt. Uraufführung: Berlin 1967.

Zur Biographie des Autors

Brode, Hanspeter: Günter Grass. München 1979. (Autorenbuch 17.)

Görtz, Franz Josef (Hrsg.): Günter Grass. Auskunft für Leser. Darmstadt/Neuwied 1984.

Neuhaus, Volker : Günter Grass. Stuttgart 1979.

Stolz, Dieter: Günter Grass zur Einführung. Hamburg 1999.

Vormweg, Heinrich: Günter Grass. Reinbek bei Hamburg 1986 [u.ö.]. (rowohlts monographien. 50359.)

Zum Werk

Arnold, Heinz Ludwig (Hrsg.): Günter Grass. Text + Kritik. Heft 1. (7. Aufl. 1997: Neufassung mit neuer Bibliographie.)

Boßmann, Timm: Der Dichter im Schussfeld. Geschichte und Versagen der Literaturkritik am Beispiel Günter Grass. Marburg 1997.

Pelster, Theodor: Literaturwissen: Günter Grass. Stuttgart 1999. (Reclams Universal-Bibliothek. 15220.)

Wolff, Rudolf: Günter Grass. Werk und Wirkung. Bonn 1986.

Zu Katz und Maus

Bernhardt, Rüdiger: Erläuterungen zu Günter Grass: *Katz und Maus.* Hollfeld 1999.

Hasselbach, Ingrid: Günter Grass: *Katz und Maus.* München 1990 [u.ö.].

Kaiser, Gerhard: Günter Grass: *Katz und Maus.* München 1971.

Ritter, Alexander: Erläuterungen und Dokumente: Günter Grass: *Katz und Maus.* Stuttgart 1977 [u.ö.].

– Grass, Günter: *Katz und Maus.* In: Interpretationen. Erzählungen des 20. Jahrhunderts. Bd. 2. Stuttgart 1996 [u.ö.]. S. 117–133.

Scherf, Rainer: *Katz und Maus* von Günter Grass. Literarische Ironie nach Auschwitz und der unausgesprochene Appell zu politischem Engagement. Marburg 1995.

Zum Thema »Novelle« empfiehlt sich immer noch: Hugo Aust: Novelle. 2., überarb. Aufl. München 1995.

Eine Beschäftigung mit *Katz und Maus*, die über die oberflächliche Lektüre hinausgeht, wird auf mehr als den reinen Text angewiesen sein. Als erstes bietet sich die Lektüre der beiden Romane aus der Danziger Trilogie, *Die Blechtrommel* und *Hundejahre*, an. Grass selber hat mehrfach die Zusammengehörigkeit der drei Werke betont und vor der isolierten Deutung einzelner Texte geradezu gewarnt. Für einen Überblick über das Werk des Günter Grass eignet sich das Bändchen *Literaturwissen* von Theodor Pelster. Außerdem empfiehlt sich wegen der zahlreichen Verbindungen zum Werk die Beschäftigung mit der Biographie des Autors. Eine recht umfassende Darstellung liefert Heinrich Vormweg in der rowohlt-monographie. Eine umfangreichere Sammlung an Informationen, vor allem aber an Dokumenten, enthält der Band von Alexander Ritter.

Für die Bearbeitung spezieller Themen sei über die knappe Literaturliste hinaus auf die Bibliographien im *Text + Kritik*-Band und im Sammelband von Franz Josef Görtz hingewiesen. Eine bedeutende Untersuchung soll herausgehoben werden, es ist die Arbeit von Gerhard Kaiser. Hier werden in einer frühen Veröffentlichung sehr weitsichtig die Weichen für zahlreiche weitere Untersuchungen gestellt.

Das Titelthema von Katze und Maus findet sich literarisch vielfältig verarbeitet. Hier eine kleine Auswahl:

In der griechischen Mythologie ähnelt der Umgang der Götter mit den Menschen in verschiedenen Fällen dem für Katze und Maus beschriebenen, so zum Beispiel die zehnjährige Irreführung und Gefährdung des Odysseus.

Das Buch Hiob im Alten Testament zeigt im Verhältnis Gottes zu Hiob Nähe zum Titelthema.

Franz Kafka: Kleine Fabel. In: Sämtliche Erzählungen. Frankfurt a. M. 1970.
Jean de La Fontaine: Fabeln. (Insbesondere »Der Wolf und das Lamm«.)

Anmerkungen

1 Gerhard Kaiser, *Katz und Maus*, München 1971.
2 Aus einer Stellungnahme, mit der Grass auf die Versuche reagierte, die Novelle als jugendgefährdend zu indizieren.
3 Timm Boßmann, *Der Dichter im Schussfeld. Geschichte und Versagen der Literaturkritik am Beispiel Günter Grass*, Marburg 1997.
4 Aus einem Gespräch mit Heinrich Vormweg 1985, zitiert nach: H. V., *Günter Grass*, Reinbek bei Hamburg 1996.
5 Gespräch mit Heinrich Vormweg, in: H. V., *Günter Grass*, Reinbek bei Hamburg, 1986, S. 41.
6 Hugo Aust: *Novelle*, 2., überarb. und erg. Aufl. Stuttgart, 1995.
7 Gerhard Kaiser, *Katz und Maus*, München 1971.

Raum für Notizen